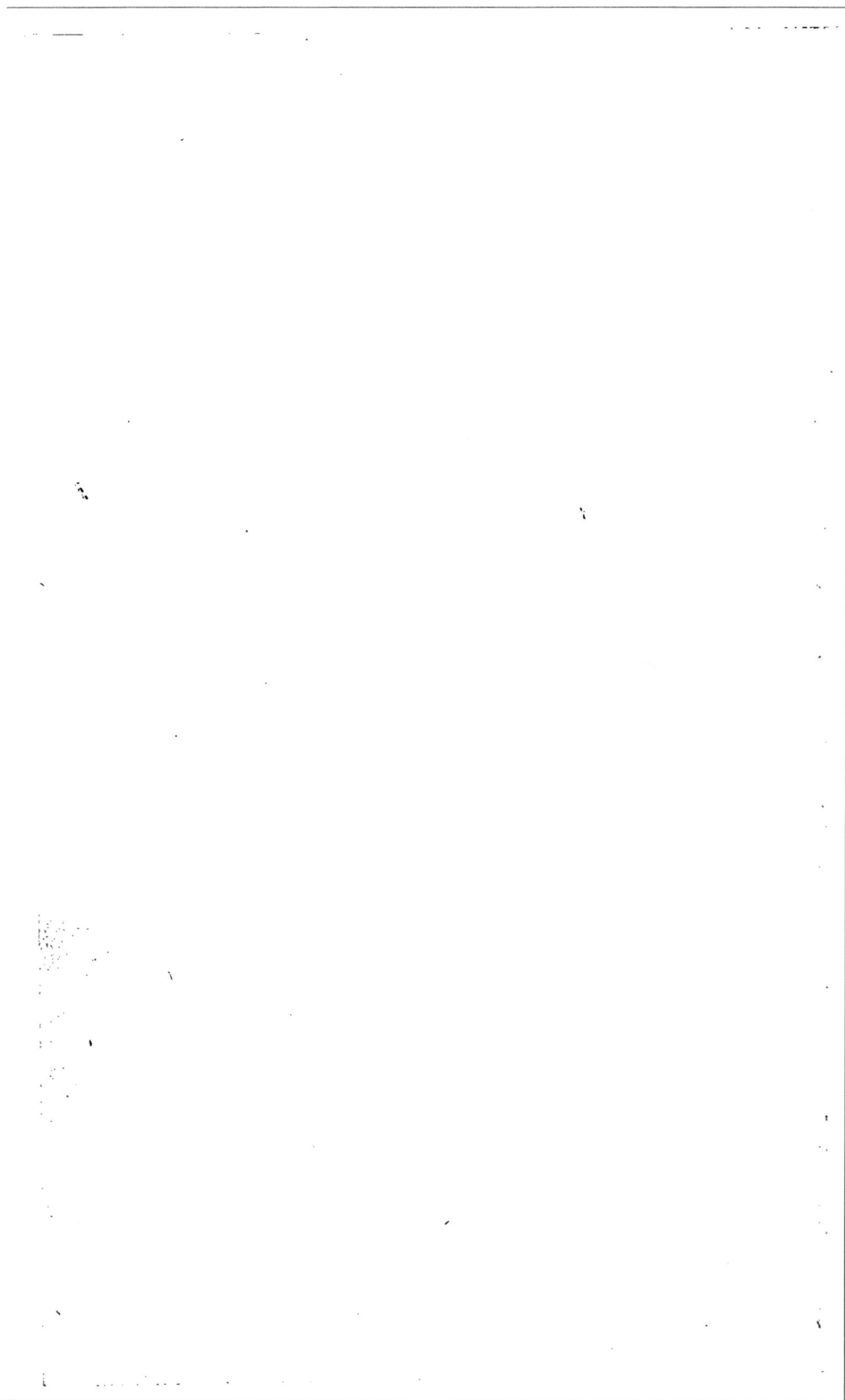

GUIDE DU VOYAGEUR

OU

DICTIONNAIRE HISTORIQUE

DES

RUES ET DES PLACES PUBLIQUES

DE LA

VILLE D'AVIGNON

INDIQUANT

D'APRÈS LES DOCUMENTS AUTHENTIQUES

L'ORIGINE DE TOUS LES NOMS QUI ONT ÉTÉ DONNÉS AUX LIEUX PUBLICS
DE LA VILLE, LA FONDATION DES ÉTABLISSEMENTS ANCIENS ET
CONTEMPORAINS ; SIGNALANT L'HABITATION DES PERSONNAGES
POLITIQUES , DES CARDINAUX , DES ARTISTES , ETC. , ET
RENFERMANT UN GRAND NOMBRE D'ANECDOTES HISTORIQUES

DRESSÉ

PAR PAUL ACHARD,

Archiviste du Département de Vaucluse et de la ville d'Avignon.

AVIGNON ,

SEGUIN AÎNÉ, IMPRIMEUR-LIBRAIRE
rue Bouquerie, 13.

1857.

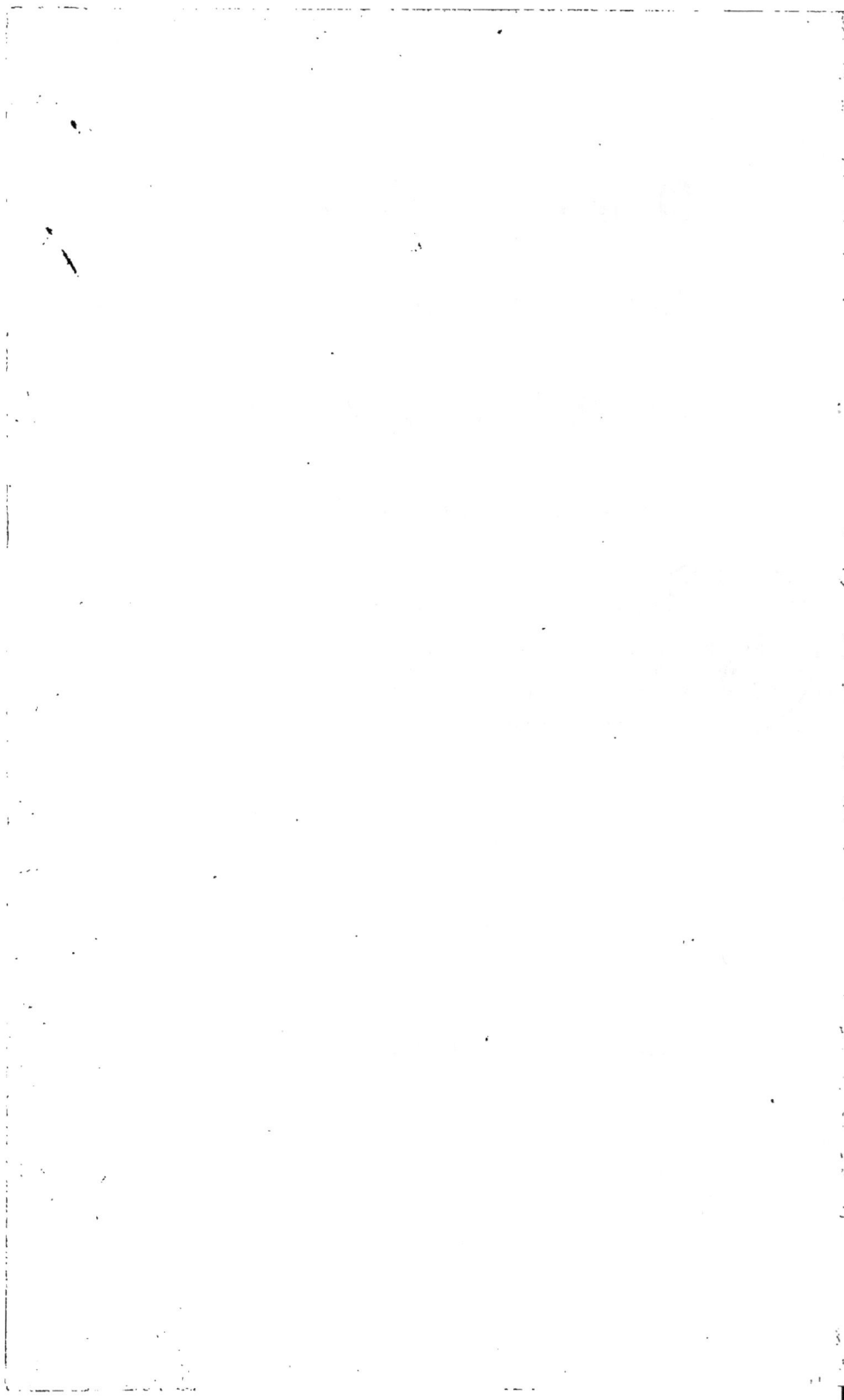

Les progrès de la civilisation, en augmentant le bien-être général, en adoucissant les mœurs et polissant les manières, nécessitent des modifications considérables dans le tracé des villes et dans la distribution du plus grand nombre des édifices destinés à l'habitation et aux usages publics. Les monuments témoins des principales scènes de notre histoire disparaissent ainsi un à un; avec eux les traditions se perdent, les souvenirs s'effacent, et l'imagination ne voit plus que des lignes et des pierres là où jadis elle évoquait le souvenir d'un homme célèbre ou celui d'un événement remarquable. D'un autre côté, une nomenclature longtemps flottante et plusieurs fois renouvelée depuis sa fixation, d'anciennes rues supprimées ou modifiées dans leur direction, des voies nouvelles percées, rendent de plus en plus difficile l'application des dispositions consignées dans les anciens titres.

En publiant le *Dictionnaire historique des rues et des places publiques de la ville d'Avignon*, nous avons voulu seconder l'homme d'affaires et l'érudit dans leurs travaux respectifs, renseigner le touriste et complaire au citoyen assez amoureux de sa patrie pour ne pas dédaigner les détails intimes de son histoire.

Nous n'avons pas la présomption d'avoir, du premier coup, donné à ce travail toute la perfection désirable : déjà nous nous sommes aperçu que la rue *de l'Arc-de-l'Agneau* devait moins son nom à une sculpture dont une tradition, hazardée peut-être, est seule à signaler l'existence, qu'à ce qu'elle était, dans l'ancien marché, l'emplacement assigné aux tondeurs. On nous a fait remarquer également que la rue *St-Marc* avait plus vraisemblablement pris son nom de l'habitation de Bertrand de Deaulx, cardinal-prêtre du titre de St-Marc, laquelle était sur l'emplacement du *cloître St-Didier*, que d'une hôtellerie dont la même circonstance avait sans doute inspiré l'enseigne. C'est pourquoi nous accueillerons avec reconnaissance les communications par lesquelles on voudra bien nous signaler des erreurs ou des lacunes. Nous accueillerons également avec plaisir les anecdotes piquantes, mais vraies, qui tendront à mettre en lumière l'esprit pénétrant et parfois légèrement sarcastique qui caractérisait nos ancêtres. Nous allons en citer une :

Au siècle dernier, la *place de l'Horloge* se bornait à la partie méridionale de son emplacement actuel, et l'Hôtel-de-ville, dont le bâtiment tournait en équerre devant le quartier de saint Laurent[1], avait pour avenues principales la rue de *l'Herbolerie* sur la droite, et en face la rue de la *Pasticerie*. A l'angle de jonction de ces deux rues demeurait un riche épicier nommé Agricol Turc. La nature, en lui refusant une haute taille, avait doué cet homme d'un jugement droit et d'un esprit très-délié. C'était, sans qu'il en prît avantage, l'homme le mieux au courant des affaires municipales d'Avignon, car il savait par les indiscrétions des courriers[2] tout ce qui se faisait au secrétariat, et les conseillers, qui s'arrêtaient volontiers chez lui pour se concerter sur les questions mises à l'ordre du jour, le tenaient au fait des affaires qui se traitaient dans le conseil de ville. On comprit bientôt qu'un tel homme devait faire partie de cette assemblée et il y justifia si bien la bonne opinion qu'on avait eue de sa capacité, qu'en 1783, les suffrages des conseillers l'élevèrent au consulat.

La reconstruction de la porte de l'Oulle fut

(1) C'était le quartier sur lequel s'est élevée dans la suite la Salle des spectacles.

(2) C'est ainsi qu'on appelait alors les fourriers de ville.

l'objet par lequel l'administration nouvelle espéra
signaler son passage. L'emplacement n'en fut
fixé qu'après de longs débats, et l'on se mit difficilement d'accord sur le choix du projet. On
adjugea enfin les travaux le 27 novembre 1783 ;
mais ils s'élevaient à peine à quelques pieds au-
dessus du sol, que de nouvelles difficultés sur-
vinrent, et qu'on fut obligé d'en suspendre l'exécution, vu l'impossibilité qu'il y avait de rallier
la majorité du conseil en faveur d'un des projets
qui se trouvaient en concurrence.

M. Turc fut très-sensible à l'échec essuyé
dans cette circonstance par le consulat ; mais
comme l'hiver de 1783-84 se faisait remarquer
par une excessive humidité, il n'en fit pas un
moins gracieux accueil à ceux des conseillers qui
avaient contracté l'habitude de venir attendre
chez lui l'heure des délibérations. Il poussa l'attention jusqu'à faire confectionner avec de vieux
couffins une natte dont il couvrit le sol de la
salle basse où ils se réunissaient, et à faire allumer, les jours de séance, un grand feu devant
lequel ils pouvaient, tout en causant d'affaires,
réchauffer leurs pieds et sécher leurs chaussures.
Ordinairement un des assistants s'emparait des
pincettes et modifiait à sa manière l'arrangement
du feu ; il n'avait pas plus tôt lâché l'instru-

ment qu'un second s'en emparait pour retoucher l'ouvrage. Il en était ainsi d'un troisième, et souvent une dispute pour la possession des pincettes venait porter tort à l'élucidation des questions municipales.

Le 31 janvier 1784, premier jour de conseil depuis le renouvellement de l'année, M. Turc, qui semblait n'avoir jamais donné la moindre attention au manége que nous venons d'indiquer, apparut au milieu de ses habitués, tenant sous son bras deux douzaines de pincettes neuves, et en offrit, à titre d'étrennes, une paire à chacun d'eux. La singularité du présent surprit d'abord un peu, mais le naturel du plus grand nombre reprenant bientôt le dessus, on en vit cinq ou six à la fois, sous prétexte d'arranger le foyer, qui était cependant dans un état très-convenable, y mettre un tel désordre qu'il n'y resta plus bientôt que des tisons fumeux.

Aux reproches que s'adressèrent réciproquement nos architectes de foyer, M. Turc répondit avec une bonhomie, à travers laquelle on eût pu surprendre un malin sourire de satisfaction : « Chacun de vous, en disposant le foyer à sa guise, eût sans doute conduit le feu d'une façon convenable ; mais en voulant tous à la fois faire prédominer votre manière d'agir, vous deviez

obtenir inévitablement le résultat que vous dé-
plorez. Ce qui arrive est peu de chose : ceux
d'entre vous qui ont encore les pieds mouillés en
seront quittes pour un rhume ; mais la ville,
que votre intolérance réciproque prive de toute
direction administrative, dépense inutilement
l'argent du peuple. » La leçon sembla d'abord
profiter : le conseil donna le soir même carte
blanche aux consuls pour traiter, au sujet de la
construction de la porte de l'Oulle, sur un nouveau plan. Elle ne fut reprise cependant qu'en
1785, et n'a jamais été terminée.

Nous dédions cette anecdote à nos administra-
teurs et à nos conseillers municipaux. Quant
à notre livre, c'est comme une paire de pincettes que nous offrons à nos lecteurs, désirant qu'on
s'en serve pour tisonner sur chacun de nos articles, en faisant jaillir, des anciens dossiers concernant les propriétés urbaines d'Avignon, des
étincelles que nous mettrons à profit pour l'ouvrage complet dont nous méditons la publication.

P. A.

DICTIONNAIRE

HISTORIQUE

DES RUES ET DES PLACES PUBLIQUES

DE LA VILLE D'AVIGNON.

—

L'HOMME superficiel ne voit dans le nom d'une rue qu'une simple abstraction et comme l'étiquette qui indiquerait la nature d'une marchandise ou le nom d'un produit; mais celui qui aime et se souvient, se sent, à ce nom, malgré les grotesques altérations qu'il a parfois subies, comme environné d'apparitions charmantes. Nous nous estimerons heureux si nos loisirs nous permettent un jour d'évoquer ces souvenirs des temps passés, de décrire les mœurs naïves de nos ancêtres, et de faire ressortir la suprématie littéraire, scientifique, artistique et industrielle, que notre ville étendit aux alentours dans un vaste rayon.

1

Nous nous contentons aujourd'hui de rappeler avec quelques détails l'origine des noms de nos rues, et nous serons heureux si notre travail peut inspirer quelque respect pour ces dénominations qui, pour la plupart, ont la valeur d'une tradition historique, et que nous avons vu changer et altérer sans scrupule toujours, et souvent sans un motif sérieux.

Les noms des rues paraissent tirer leur origine:

1° Des caractères particuliers à chacune d'elles, comme : *Rue Étroite*, *Neuve*, *Calade* ou *Pavée*, *de l'Ombre*, etc. etc.

2° Des établissements qui s'y trouvaient, des édifices qu'on y remarquait, et des statues ou emblèmes qui décoraient les angles et les façades de leurs premières ou de leurs principales maisons, comme : *Rue de la Monnaie*, *de l'Observance ; Place du Palais ; Rue St-Guillaume*, *St-Sébastien*, *de la Tarasque*, *du Diable*, etc. etc.

3° Des végétaux qui, lorsque les rues étaient à peine tracées, formaient la clôture des jardins limitrophes, ou qui en ombrageaient quelque partie, comme : *Rue Sambuc*, *Migrenier*, *de l'Amélier*, *du Saule*, *de l'Olivier*, etc. etc.

4° Des industries qu'on y professait, ou des marchandises qu'on y vendait, comme : *Rue des Fourbisseurs*, *des Coffres*, *Corderie*, *Pélisserie*, *Bonneterie*, etc. etc.

5° Des personnes, quelquefois peu considérables, qui les ont habitées, comme : *Rue Saluce*, *Florence*, *Pétramale*, *Roleur*, *Londe*, etc. etc.

6° Des enseignes emblématiques adoptées par quelques industriels, et plus particulièrement par les aubergistes et les logeurs, comme : *Rue de la*

Campane, du Chapeau rouge, des Trois Faucons, de l'Anguille, etc. etc.

7° Enfin, du nom d'un personnage, prince ou administrateur, que l'édilité locale a voulu honorer, comme : *Rue Philonarde, Place-Pie, Place-Crillon,* etc. etc.

Il est à remarquer que les premières rues qui ont reçu une dénomination, sont celles qui desservaient la circulation la plus active, tandis que les rues secondaires et les ruelles n'ont été désignées pendant long-temps que par leurs tenants et aboutissants, ou l'un d'eux seulement. Ainsi l'on disait simplement, dans le principe, de la rue de la *Colombe : Traverse des Études au Corps-Saint.* Une rue secondaire retenait quelquefois le nom de la rue principale, quand celle-ci venait à changer le sien. Ainsi la rue de la *Bancasse* s'appelait anciennement rue de l'*Argenterie;* ce nom est resté à la rue qui va de la *Bancasse* à la rue du *Collége du Roure.* La rue *St-Marc* se nommait *Bouquerie,* avant qu'une enseigne d'hôtellerie lui eût valu sa dénomination actuelle. Une rue voisine moins importante a hérité de ce nom de *Bouquerie,* pour laisser elle-même son nom de rue des *Ortolans* à une troisième rue aussi voisine et encore moins importante.

Dès l'époque la plus reculée, Avignon eut des édiles chargés d'étudier et de résoudre les questions de voirie. On les nommait *Terminatores carreriarum.* Les statuts de la République avignonaise datés de 1134, règlent leurs attributions. Ils étaient annuellement élus, et ont existé jusqu'en 1790. Sur la fin, les victuailles avaient été réunies à leurs attributions, d'où ils furent appelés *Maîtres des rues et des victuailles.* En cette dernière qualité, ils devaient veiller à ce qu'aucune denrée malfaisante ne fût exposée en vente sur les marchés d'Avignon. L'emploi fut gratuit jusqu'au XVIe siècle, et modiquement salarié depuis lors.

L'étiquetage systématique des rues et le numérotage des maisons ne furent que bien tard l'objet d'une mesure sérieuse et régulière. Hérault de Vaucresson, lieutenant-général de police à Paris, s'en occupa, pour cette capitale seulement, en 1723. Nous ne connaissons pas exactement l'époque où cette mesure fut appliquée dans la ville d'Avignon ; mais ce dut être au plus tard pendant l'occupation française, de 1768 à 1774. En 1792, un grand nombre de noms de rues et de places fut changé pour être mis en harmonie avec le triste régime de cette époque. En 1811, M. Puy remania de nouveau tout le système d'étiquetage, et fit disparaître la majeure partie des désignations révolutionnaires, tombées d'ailleurs en désuétude depuis longtemps. M. d'Olivier, en 1843, a refait le travail de M. Puy, et son œuvre, que nous allons suivre, a constitué jusqu'à ce jour la nomenclature officielle des rues d'Avignon.

RUE ABRAHAM,

DE LA RUE DE LA SAUNERIE A LA PLACE JÉRUSALEM.

Cette rue, jadis englobée dans la désignation générique de tout le quartier de la *Juiverie*, n'a reçu qu'en 1843 un nom spécial. C'est là qu'existait anciennement la seconde barrière qui servait à enfermer les Juifs dans leur quartier : *Carreria Saunarie ante secundum cancellum Judeorum*, dit un acte de 1531. L'autre barrière était dans la rue *Jacob*.

La *Juiverie* formait anciennement une communauté à part, qui avait son organisation particulière sous la juridiction et la surveillance du Viguier d'Avignon. Elle comprenait, outre les habitations des Juifs, la synagogue, l'école des hommes et celle des femmes. Derrière l'école, était un lieu dit *Lazina*, où se faisaient les mariages, et un autre lieu dit *Lazara*, ou *Hazara*, dont nous ignorons la destination. Une petite place dite du *Parquet*, au milieu de laquelle était un puits, servait de forum à la tribu. C'est sur cette place, qui fut successivement agrandie par les maisons qu'on démolit en 1613, 1637, etc. qu'était le four des *Pains azymes*.

Les Juifs, qu'on s'accorde à représenter comme persécutés à outrance par le gouvernement papal, n'apparaissent pas sous un semblable jour dans les actes qu'il nous a été donné de consulter. Nous les voyons, du XIIIe au XVIe siècle, s'enrichir par le trafic, la finance et l'exercice de la médecine. Ils soumissionnent toutes les fermes de la Chambre Apostolique, et demeurent adjudicataires du plus grand nombre. Il est vrai qu'ils savent employer une partie de leurs richesses à se concilier la faveur des grands. Ils servent à l'Évêque une rente en épiceries du Levant; ils fournissent au Recteur du Comtat toute la literie nécessaire à ses gens; ils envoient au chapitre de Notre-Dame-des-Doms la langue des bœufs tués à leur boucherie spéciale; la veille de la Fête-Dieu, ils balayent et tendent des toiles sur toute la partie de la place du Palais que la procession doit parcourir. Ce sont encore les Juifs qui, la veille de la St-Jean, fournissent les fagots du feu de joie qui doit s'allumer en l'honneur des nouveaux consuls de la cité. Ces services, faits d'abord à titre gracieux, devinrent par la suite obligatoires ; mais la Synagogue sut toujours, par le canal de l'intérêt, arriver au cœur des puissants. Il faut le dire aussi, le peuple, que les Juifs pressuraient par l'usure, et auquel la vénalité des magistrats enlevait tout espoir de justice, haïssait les enfants d'Israël et saisissait avidement les occasions de les molester. Peuple par l'origine, le bas clergé s'associait instinctivement à cette aversion, et battait des mains quand, au défaut de l'Inquisition et des magistrats, Dieu affligeait la *Juiverie* de quelque désastre. Un nommé Roland, ouvrier du chapitre Saint-Agricol, nous a laissé, au frontispice d'un livre de la perception des lods, ce triste témoignage de son peu de charité à l'encontre des Israélites :

« **A** mon premier commencement
« **Soit** Dieu le Père amplement !

« L'an MVC et XIIII et le VIᵉ de mars, les Juys « en la Juyerie de Avinion faisans grande feste et « noëces en une maison dedens la dicte Juyerie. « La dite mayson enfondra et tua XXIII persona- « ges, que hommes que femmes, et furent blechiés « plus de XI.

« Ainsy feussent-ils tous relement agaris ! »

RUE DE L'AIGARDENT,

DU PORTAIL MAGNANEN A LA RUE CAUCAGNE.

La rue *Ortigon*, étant considérée comme une prolongation de la rue de l'*Aïgardent* vers la rue *Caucagne*, fut confondue avec elle en 1843.

Aïgardent signifie, en langue provençale, *eau-de-vie*. Cette portion de rue dut prendre ce nom d'une distillerie qui y fut établie à une époque peu éloignée. La plus ancienne mention connue de ce nom-là remonte à l'an 1695, et le terrier du Chapitre de St-Didier, où nous l'avons trouvée, la fait suivre d'une note explicative qui démontre le tort qu'on a eu de ne pas conserver à l'ensemble des deux rues le nom qu'on a précisément sacrifié: *Rue de l'Aïgardent au Bourg des Hortigues*, dit le terrier.

Le nom *d'Ortigue*, ou *Ortigon*, vient d'une très-ancienne famille qui a marqué dans les fastes municipaux d'Avignon, et qui possédait dans la rue de ce nom une de ces petites agglomérations de maisons connues, au moyen-âge, sous le nom de *Bourguets*. Pierre Ortigue était membre du conseil général de la ville, et figure dans un acte du 6 des ides de novembre 1229, par lequel les consuls reconnurent les travaux du canal dit de la *Durançole*. Nous voyons les d'Ortigue occuper quatre fois le premier poste consulaire dans le XIVᵉ siècle, et onze fois dans le siècle suivant. Noble Antoine d'Ortigue, premier syndic en 1447, premier consul en 1464 et 1467, fut député, le 16 juin de cette année, pour présider à l'élection des consuls d'après un mode à deux degrés. Il représentait *les Originaires*. Il était viguier en 1470.

Ce même gentilhomme fut du nombre des douze notables que la ville désigna, le 19 avril 1476, pour commander la garnison, et prêta, la même année, à Lyon, comme ambassadeur d'Avignon, serment de fidélité à Louis XI. Ortigue d'Ortigue, qui était peut-être le fils d'Antoine, fut député par le con-

seil, étant premier consul, pour aller jusqu'au Buis
à la rencontre du cardinal-légat, Julien du Roure,
qui vint au nom du Pape prendre possession d'A-
vignon et du Comtat, après que le roi de France
s'en fut dessaisi. Jean d'Ortigue était évêque d'Apt
en 1467.

Ce qui força cette famille à résider, au moins temporairement, dans le quartier qui a conservé son
nom , c'est que la maison qu'elle habitait fut
comprise , le 16 août 1316 , dans la livrée du cardinal d'Ostie.

C'est dans cette même rue qu'habitait le graveur
Balechou, né à Arles le 19 juillet 1719, et mort su-
bitement à Avignon le 10 août 1764.

RUE DE L'AMELIER,

DE LA RUE DE LA CROIX A LA PETITE SAUNERIE.

CE nom est ancien , et vient probablement d'a-
mandiers qui végétaient dans les jardins limitrophes : *Carreria antiquitus appellata* des Améliers,
dit un acte du 28 février 1494.

Sur l'emplacement de l'hôtel de M. le Baron de
Chabert, dont la partie occidentale s'ouvrait alors
sur la rue de l'Amélier, était, au XIVᵉ siècle, la livrée du cardinal de St-Georges. Cette livrée passa
par la suite à la famille des Ambrosi, et ensuite à
celle de Petris-Graville, dont M. de Chabert est
héritier.

PLACE DE L'AMIRANDE ,

DE LA RUE VICE-LÉGAT A LA RUE DE LA PEYROLERIE.

EN 1364, nous dit l'historien Teissier , le pape
Urbain V fit faire dans le Palais, des réparations

très-considérables, et achever notamment les appartements exposés à l'Est , et au-dessous desquels il fit planter de riches et spacieux jardins. Il donna le nom de *Rome* à cette partie orientale à cause de sa beauté, et ajouta une tour nouvelle aux six tours que ses prédécesseurs avaient fait bâtir. Il l'appela la *Tour des Anges*, à cause de leur histoire, qu'il y fit représenter. Ce quartier du Palais ne garda pas longtemps le nom que le Pape lui avait donné : au seizième siècle , on ne l'appelait plus que *le Jardin des Oliviers*. Jules de Médicis, pape sous le nom de Clément VII, entreprit d'y construire en 1534 une salle qu'on appela de la *Mirande*, soit, comme on l'a dit, à cause de *l'admiration* que provoquaient ses vastes proportions et le luxe de ses décorations; soit parce qu'on trouva *admirable* qu'après un si long oubli , les Papes songeassent encore à faire quelque chose dans ce palais , dont déjà plusieurs parties tombaient en ruine. Malheureusement Clément VII mourut cette même année , et ce n'est qu'en 1565 que ce magnifique appartement fut complété et achevé par le cardinal Georges d'Armagnac , co-légat et archevêque d'Avignon.

Sur la place de la *Mirande* (car d'après ce que nous venons de dire, c'est ainsi qu'il faudrait orthographier ce nom), s'élevait le palais d'Anglicus Grimoard , évêque d'Avignon et frère du pape Urbain V. En 1370, ce Souverain Pontife, sentant sa fin approcher, voulut y être transporté , et ordonna que toutes les portes demeurassent ouvertes, afin que chacun pût être témoin de ses derniers moments. Sur ces entrefaites, arrivèrent à Avignon des députés que les Pérousins, dont la révolte avait été réduite par les armes pontificales, envoyaient au Saint-Père pour lui demander grâce. Il leur fut facile d'arriver jusqu'au Pape, qui était mourant, et qui leur recommanda surtout d'être brefs dans l'exposé de leur ambassade. Mais l'orateur, sans égard pour la souffrance et l'ennui qu'il lui occasionnait, ne lui fit grâce ni d'une phrase ni d'un détail. Il finit enfin, et le Pape agonisant lui ayant demandé s'il n'avait plus rien à dire, un des ambassadeurs s'empressa de lui répondre: *Si Votre Sainteté ne nous accorde ce que nous sommes venus lui demander, j'ai ordre de mes concitoyens de faire répéter le discours de mon collègue.* Le Pape sourit à ce trait; et comme ce n'est pas au lit de mort qu'un successeur de Saint Pierre oublierait les préceptes de miséricorde qui lui ont été donnés par le fondateur de l'Église, il renvoya les ambassadeurs de Pérouse pénétrés de reconnaissance pour la générosité de son cœur, et d'admiration pour la sainteté de sa fin.

Le palais de Grimoard a été rebâti tel que nous le voyons par M. de Vervins, qui était, au commencement du dernier siècle, avocat-général de la Légation. De nos jours, M. Paul Pamard, maire de la ville d'Avignon, le possède et l'embellit encore.

RUE DES AMOUREUX,

DE LA RUE DE LA BONNETERIE A CELLE DE LA MASSE.

Ce nom n'est point ancien et on ne lui connaît aucune raison d'être. Il a quelque chose de fâcheux pour les personnes du sexe qui habitent cette rue, à cause des mauvaises plaisanteries auxquelles il peut donner lieu. Il serait convenable de le faire disparaître. En appelant cette rue du nom d'*Artaud*, on rendrait un hommage public à un savant Avignonais, membre de l'Institut, qui a bien mérité des arts en léguant au Musée-Calvet sa maison patrimoniale, située dans le voisinage, et dont un des murs borde en partie cette voie publique.

RUE DE L'AMOUYER,

DES INFIRMIÈRES AU REMPART SAINT-LAZARE.

Nom moderne provenant sans doute de quelque remarquable *mûrier* qui végétait dans la cour ou le jardin d'une maison voisine.

RUE DU PETIT-AMOUYER,

DE LA RUE QUI PRÉCÈDE A LA RUE DE LA TOUR.

Cet étroit passage n'avait pas de nom: celui qu'il porte lui a été assigné en 1843, et a été emprunté à la rue de l'*Amouyer*.

RUE D'AMPHOUX,

DE LA RUE DE LA BONNETERIE A LA PLACE DE LA PIGNOTE.

Cette rue doit son nom à une famille considérable du pays qui y avait sa demeure. Plusieurs membres de cette famille ont exercé le notariat et occupé la charge de secrétaire de l'Hôtel-de-Ville. Esprit Anfossi était notaire à Avignon en 1574; Jacques-François Anfossi, de 1591 à 1602. Pierre d'Anfossi, ayant été un des chefs de la violente sédition provoquée par le despotique règlement d'Alexandre Colonna, dut s'expatrier. Il fut condamné, lui septième, le 20 mai 1665, à être pendu. Il fut exécuté en effigie, et 200 pistoles furent promises à celui qui le livrerait.

C'est à cette occasion qu'on vit s'accréditer la corruption du nom de cette rue, et qu'on put dire la rue *des fous*, ou mieux *du fou*.

Les derniers membres de la famille d'Anfossi quittèrent Avignon vers 1726. L'un d'eux fut premier secrétaire du cardinal de Fleury, ministre de Louis XV. Son fils fut attaché au même cardinal comme traducteur interprète des mémoires envoyés par les chancelleries italienne, romaine, espagnole, etc. et sa fille épousa M. Peillon, secrétaire du roi.

La maison qu'avaient habitée les d'Anfossi fut vendue à la famille Tempier. Elle est possédée aujourd'hui par M. Silvestre, musicien.

Les Chartreux de Bonpas avaient dans cette rue leur hospice, c'est-à-dire la maison où logeaient les Pères que les affaires de la Communauté appelaient à Avignon.

En 1843, M. d'Olivier a soudé à la rue des Anfossi, (c'est ainsi que nous voudrions voir écrire ce nom), un bout de rue compris entre la rue du *Saule* et la place de la *Pignote*. Cette petite rue avait gardé, de l'enseigne d'une hôtellerie, le nom de l'*Étoile verte*. Avant que l'entrée de la rue des Anfossi eût été élargie, la maison de la rue du *Saule* qui faisait face à la rue de l'*Étoile verte*, portait à sa façade un ancien bas-relief qu'on peut encore voir dans la Salle des gothiques du Musée-Calvet, et s'appelait, à cause de cela, la *Maison des douze Apôtres*.

RUE DES ANES ,

Ce nom est assez moderne; les anciens documents n'appellent guère cette voie publique que *la rue tirant de la Place du Change au Puits-des-Carreaux.* Nous trouvons ces désignations en 1527, 1547 , 1561 et 1628. Le puits des *Carreaux*, comblé un peu avant 1678, paraît avoir été très-voisin du point de jonction de la rue qui nous occupe avec la rue *Galante.* Nous trouvons l'appellation de *Rue des Anes* sous la date de 1759, dans un des terriers de l'ancien Chapitre de St-Didier. Ce nom avait été donné à cette rue parce qu'elle n'était nullement carrossable, et qu'il fallait des bêtes dont le pied fût très-sûr pour franchir la pente difficile qui existait anciennement, à son entrée, du côté de la rue *Galante.*

Le nom actuel, consacré seulement par l'usage, a soulevé, lorsqu'on a voulu l'inscrire sur les murs , d'unanimes réclamations de la part des voisins. Il n'y aurait aucun inconvénient à revenir à l'ancienne dénomination de *Rue du Puits-des-Carreaux.*

RUE DE L'ANGUILLE ,

Le nom de cette rue n'est pas très-ancien, et provient évidemment d'une enseigne qui n'existe plus depuis longtemps. Elle s'appelait au moyen-âge comme sa voisine , rue des *Ortolans.*

La grande maison, aujourd'hui divisée en plusieurs corps, qui existe à l'angle sud-ouest de cette
rue, était le palais de Doni, situé, partie dans la paroisse St-Didier, et partie dans celle de Saint-
Agricol. Au XIVe siècle, il avait appartenu au cardinal Annibal Ceccano, archevêque de Naples, et
fut acheté par Luc et Paul Doni, de Florence, à
Cosme Cyrocque, fils d'André.

La partie de ce palais dont la façade donne sur
la rue de l'*Anguille*, fut habitée, de 1732 à 1745, par
Jacques Buttler, duc d'Ormond, premier ministre
d'Angleterre sous les Stuarts, qui sacrifia tout à la
cause de ces souverains, et termina ses jours à
Avignon dans un état de médiocrité qui contrastait
misérablement avec son ancienne splendeur. Il fut
un des fondateurs de notre première salle des
spectacles, et sut user si libéralement des derniers
débris de sa grande fortune, qu'il fut pour les Avignonais ses contemporains, le prototype de l'homme riche. Il n'est pas rare d'entendre encore dire
de nos jours : *Je n'ai pas les rentes du duc d'Ormond.*

Ce ne serait pas trop, pour le beau caractère de
lord Ormond, qui fut très-populaire à Avignon (1),
de consacrer la mémoire de ce fait historique, en
substituant son nom au nom, insignifiant aujour-
d'hui, de rue de l'*Anguille*.

(1) Le duc d'Ormond arriva hier ici en parfaite santé, aux
acclamations de toute la ville. C'était à qui donnerait de plus
grandes démonstrations de joie... (*Lettre adressée le* 20 *octobre*
1740 *par le Marquis de Caumont à M. d'Anfossi.*)
Les consuls sont allés recevoir au sortir du bateau le duc
d'Ormond, qui revient de Madrid. On a tiré en son honneur des salves d'artillerie. (*L'Abbé de Massilian.*)

RUE D'ANNANELLE,

DE LA RUE DE LA CALADE A LA RUE DE LA VELOUTERIE.

CE nom ancien est dérivé *das Annellas*, soit qu'il y ait eu de ce côté une fonderie d'anneaux dits *annellas* en langue provençale, ou qu'on eût fixé dans les murs des maisons une série d'anneaux pour servir à attacher les bestiaux. Anciennement cette rue était désignée par ses tenants et aboutissants. Ainsi une leçon de 1370 dit : *Carreria recta et publica per quam homo vadit recte de Portali Briansonis ad Portum Pereriorum.* Postérieurement on la désigna par le nom des communautés religieuses qui s'y trouvaient établies ; ainsi : *Carreria Sorgiæ, Conventus Prædicatorum,* 1543 ; rue de l'*Inquisition*, des *Carmélites*, de *Saint-André*, des *Capucins*.

La partie de cette rue comprise entre la *Calade* et l'abreuvoir, s'appelait la rue du *Moulin-de-la-ville*, à cause du moulin sur la Sorgue qui vient d'être démoli, ou rue *Salflurin*, du nom d'un habitant aujourd'hui inconnu.

Les ormeaux qui ombragent cette rue furent plantés en 1704, et elle prit alors d'Antoine Banchieri, consulteur du Saint-Office et Vice-Légat d'Avignon, le nom de *Cours Banchieri*, qu'elle ne paraît pas avoir conservé longtemps.

C'est dans la tour du rempart qui se trouve à l'extrémité occidentale de la rue d'*Annanelle* (1), que fut établi dans nos contrées le premier moulin

(1) Cette tour, bâtie sur des terres qui relevaient de la directité de l'ancienne commanderie de Saint-Jean-de-Jérusalem, en a longtemps gardé le nom de *Tour-de-Saint-Jean.*

à garance. On pourrait s'autoriser de cette circonstance pour donner à cette voie publique le nom de *Jean Althen*.

RUE DE L'ARC-DE-L'AGNEAU,

DE LA RUE DES MARCHANDS A LA PLACE SAINT-PIERRE.

L'HÔTEL de Crochans, palais actuel de l'Archevêché, avait, à l'est de cette rue, des dépendances avec lesquelles il communiquait par le moyen d'un arceau. A la clé de cet arceau figurait un agneau sculpté en relief. Néanmoins, la rue est constamment désignée dans les actes, depuis 1407 jusqu'en 1686, sous les dénominations de rue *de la Draperie*, ou de la *Boutique rouge*. A mesure que le commerce quitta ce quartier, la figure de pierre, cachée auparavant par les étalages, ressortit davantage, et peu à peu on s'habitua à appeler ce passage du nom de *rue de l'arc de l'agneau*, qui subsiste encore, quoique l'arceau ait été démoli par la ville en 1761.

RUE ARGENTIÈRE,

DE LA RUE DE LA BANCASSE A CELLE DU COLLÉGE-DU-ROURE.

CE nom s'appliquait primitivement à la rue voisine de la *Bancasse*, et vient évidemment des opérations de change qui avaient lieu dans tout ce quartier. Un acte de 1665 donne à cette voie le nom de rue des *Rôtisseurs*.

De 1361 à 1367, une portion des dépendances de l'ancien Jeu-de-Paume fut la livrée de Pierre Ithier, dit le cardinal d'Acqs ou de Caraman, qui devait son élévation à Innocent VI. Cette livrée paraît avoir servi d'hôtel-de-ville dans les premières années du XV⁰ siècle, ainsi que cela résulte des termes suivants extraits d'un acte passé entre la ville et Jean Bastier, le 25 février 1418 :

.... *Congregato venerabili consilio civitatis hujus Avinionis ad sonum campanæ et voce tubæ, ut moris est, in domo Universitatis prædictæ sita in carreria Argentariæ, ubi consilium ipsum teneri et celebrari solitum est....*

RUE DES BAINS,

DE LA RUE SAINTE CATHERINE A LA RUE SALUCES.

Nom donné en 1843 à une rue qui n'en avait pas.

RUE DU BALAI,

DE LA RUE DU PORTAIL MAGNANEN A LA PLACE DU MÊME NOM.

Nom donné en 1843 à une rue qui n'en avait pas.

RUE DE LA BALANCE,

DU PUITS-DE-LA-REILLE AU PUITS-DES-BŒUFS.

Nous venons de voir que la rue de la *Bancasse* avait laissé son ancien nom de rue de l'*Argenterie* à une des petites rues qui y aboutissent, c'est l'inverse qui a eu lieu pour la rue de la *Balance*. La rue actuelle de la *Monnaie* se nommait anciennement rue de l'*Officialité*, à cause de la maison de l'Officialité épiscopale à laquelle elle donnait en trée, ou rue de la *Balance*, à cause d'un fabricant d'instruments de pesage, qui avait sur sa porte une balance pour enseigne.

Le balancier-ajusteur vint-il de la rue de l'*Officialité* transférer son atelier et son enseigne dans la rue voisine ? C'est ce que nous ignorons : toujours est-il que, du XIV au XVI siècle inclusivement, la rue actuelle de la *Balance* s'est appelée de la *Lancerie*, depuis le *Puits-des-Bœufs* jusqu'à la rue *Saint-Étienne*; de la *Miraillerie*, des *Miroirs*, de *Mirault* et de *Mirolio*, de la rue *Saint-Étienne* à la rue *Pente-rapide*, et de la *Reille*, ou de la *Règle*, depuis cette rue jusqu'à son extrémité septentrionale. Nous dirons, en parlant des rues de la *Lancerie* et du *Puits-de-la-Reille*, quelle est notre opinion sur l'origine de ces deux noms. Quant à ceux de *Miraillerie*, ou des *Miroirs*, donnés par les modernes au milieu de la rue *Balance*, ils pourraient faire croire que les miroitiers y avaient concentré leur commerce, tandis que c'est à la rue du *Bon-Parti* que devaient aller ceux qui voulaient avoir la satisfaction de se contempler dans une glace de Venise, ou autre.

En nous donnant les leçons de *Mirault* et de *Mirolio*, les anciens documents ont levé tous nos doutes sur la circonstance dont cette partie de la rue de la *Balance* avait tiré son nom ; car nous savons que, sur l'emplacement des maisons de M. de Bouchoni et de celles qui leur sont adossées, était la livrée de Jean de Mirolio, évêque de Genève, promu au cardinalat le 12 juillet 1385, par son compatriote, l'anti-pape Clément VII.

Presque en face de la livrée du cardinal de Mirolio, dans la rue de la *Balance* et près d'un en·

droit dont nous ne connaissons pas la nature, mais qui se nommait *Aspiran*, se trouvait la livrée de Pierre de Prato, que Jean XXII fit cardinal en 1320 et qui mourut en 1361. Il eut pour successeur, dans ce palais, Pierre de la Tourroie, évêque de Maillesais, que l'anti-pape Clément VII, en 1385, avait fait cardinal du titre de Sainte-Suzanne. En 1409, au plus fort du siége du Palais contre les Catalans qui l'occupaient pour l'anti-pape Benoît XIII, le pape Alexandre V institua le cardinal de la Tourroie son vicaire-général et légat dans la ville d'Avignon et tout le Comté Vénaissin. Ce n'est guère qu'à cette dernière époque que le cardinal Pierre dut venir habiter la rue *Balance*, car nous voyons qu'en 1390, le Chapitre de Saint-Pierre d'Avignon, héritier du cardinal de Prato, son fondateur, avait loué ce palais, à raison de vingt florins par an, à Marie de Blois, veuve de Louis d'Anjou, roi de Sicile, et mère de Louis II, qui était venue à la cour du Pape solliciter des secours et un appui pour son jeune fils.

RUE DE LA BANASTERIE,

DE LA RUE DE LA PETITE-SAUNERIE AU REMPART-DE-LA-LIGNE.

Avant 1843, la partie de cette rue comprise entre la *Petite-Saunerie* et la rue des *Ciseaux-d'or*, se nommait la *Poulacerie antique*, parce qu'on y vendait anciennement la *volaille* et le *gibier*. On appelait encore cette partie de la *Banasterie, la carriero di Guerindouns*, à cause de certains ornements qu'on y suspend pour la Fête-Dieu. Ces ornements se composent d'un cerceau autour duquel pendent des franges omnicolores, terminées, comme les girandoles, par des losanges de cristal. Des *Ciseaux-d'or* à la rue *Sainte-Catherine*, la *Banasterie* s'appelait jadis la rue de *Saint-Symphorien*, à cause de l'ancienne église collégiale et paroissiale dédiée à ce Saint, et dont la façade, aujourd'hui bien dénaturée, porte le N° 14. La *Banasterie* proprement dite partait de la rue *Sainte-Catherine* pour s'arrêter à la chapelle des Pénitents de la Miséricorde; le reste de la rue, jusqu'au rempart, empruntait de cette chapelle le nom de rue de la *Miséricorde*.

A côté de l'égout qu'on voit à l'entrée de la rue de la *Miséricorde*, se trouvait, dans l'ancienne enceinte d'Avignon, la Porte *Aurose*, dont il existe encore un des pieds droits. Cette porte devait son nom au vent auquel elle était plus particulièrement exposée, et qu'on appelle *auro* en langue provençale. Le plus grand nombre des arceaux de ces anciennes portes fut démoli, en vertu d'une mesure générale en 1751.

De la porte *Aurose* à l'*Escalier-de-Sainte-Anne*, la rue de la *Banasterie* comprend un certain nombre de maisonnettes habitées par des cultivateurs ou des artisans pauvres. On les vit, en 1815, presque tous ardents fédéralistes; et l'attachement qu'ils manifestèrent pour Napoléon Ier fut si vif que leur quartier mérita d'être appelé *l'Ile d'Elbe*, comme, à la même époque, le nom de *Vendée* était appliqué aux *Fusteries*.

Le nom de *Banasterie* remonte à une date très-ancienne : il est dû à ce que les vanniers ont habité cette rue presque jusqu'à nos jours. Anciennement la Sorguette se jetait dans le Rhône à l'extrémité septentrionale de cette rue, et les

broutières de saule qui croissaient sur les bords
du fleuve et sur ceux du canal, alors mal encaissés,
fournissaient abondamment la matière première
de l'industrie qui s'exerçait dans leur voisinage.

Dans la rue *Banasterie* étaient anciennement : 1°
l'Église paroissiale de Saint-Symphorien, érigée
en collégiale en 1591 ; 2° la Congrégation des Pauvres femmes, fondée en 1721, établie en cet endroit en 1735 ; 3° l'Aumône de Notre-Dame-de-
Salvation, ou Saunaison, dont la fondation remontait au moins au XIVe siècle, et qui fut unie en
1559 au grand hôpital ; 4° l'Hôpital de Notre-Dame-
de-Fenouillet, autrement dit *Zeritum*, dont l'existence était antérieure à l'année 1274, et sur l'emplacement duquel se sont établis, en 1586, les Pénitents de la Miséricorde, et, en 1691, la maison des
Insensés. Ces deux derniers établissements subsistent encore.

RUE DE LA BANCASSE,

DE LA PLACE DE L'HÔTEL-DE-VILLE A LA RUE SAINT-MARC.

Dès le XIIIe siècle, cette rue était appelée de la
Muse; elle devait ce nom à une cornemuse placée
pour enseigne au-dessus de l'arc de boutique de
quelque marchand ou fabricant d'instruments
de musique. Dans la seconde moitié du XIVe siècle,
le nom de rue *Argenterie* tendit à se substituer à
celui de rue de la *Muse: Carreria recta que vocabatur
antiquitus de la Muza, nunc vero de l'Argentaria*, dit
le livre de comptes d'Anglicus Grimoard, évêque
d'Avignon. Les argentiers étaient, comme on sait,
les financiers du moyen-âge. Ils durent se trouver
en moins grand nombre dans cette rue vers la fin

du XVe siècle, car un acte de 1469 l'appelle déjà la rue de l'*Argenterie antique*. Le nom de *Bancasse*, qui nous paraît dû à un établissement général de crédit dont un acte de 1552 constate l'existence dans la partie inférieure de cette rue près de celle de l'*Anguille*, ne fut guère adopté que vers la fin du XVIe siècle. *Carreria argentariæ, sive de la Bancasse*, dit en 1595 le livre de *l'Estime des maisons*, qui fait partie des archives de la ville. *Rue de la Banquasse* orthographie à son tour, sous les dates de 1595 et de 1625, le livre des *Visites des maisons*, qu'on trouve dans le même dépôt.

On a prétendu que la *Bancasse* devait son nom à la demeure de l'illustre famille de Brancas, d'où l'on devrait dire rue *Brancasse*. Mais il est bon de remarquer que le palais de Brancas était situé, comme nous le dirons plus loin, à l'endroit où sont aujourd'hui les bâtiments du lycée, et que, même à l'époque où les Brancas l'habitaient, la rue voisine se nommait déjà la rue *Saint-Marc*.

RUE BARACANE,

DE LA RUE DU PORTAIL-MAGNANEN A LA RUE CAUCAGNE.

La moitié de cette rue qui aboutit à celle du *Portail Magnanen* s'appelait avant 1843 la rue des *Amoulaires*, sans doute parce qu'il s'y trouvait un atelier d'*aiguisage*, ou un cabaret que les *remouleurs* fréquentaient de préférence. Nous ne saurions assigner une origine certaine au nom, d'ailleurs assez moderne, de rue *Baracane*. Il peut venir d'une famille du nom de Baracan qui y aurait fait sa demeure.

RUE DES BARAILLERS, ET RUE BARAILLERIE.

ELLES doivent leur nom à une famille ancienne
d'Avignon qui y a joué un rôle considérable au XIVe
siècle, et que la nécessité de loger les cardinaux
dans les beaux quartiers de la ville força d'aller habiter elle-même dans les faubourgs. La maison
de Pons Barallerii, qui était située sur le rocher,
au midi de la Métropole, fut comprise en 1316 dans
la livrée du Pape, et celle de Pierre Barral, dans la
livrée du cardinal d'Ostie. En 1321, la maison de
François Barralhi, sise dans la rue *Galante*, fut
comprise dans la livrée du cardinal du titre de
Sainte-Potentiane. La bannière de ce François était
la sixième parmi celles des bourgeois et des chevaliers qu'on étalait aux jours de fête dans l'église
des Cordeliers d'Avignon, et un inventaire de la
sacristie de ce couvent, dressé le 11 octobre 1359,
l'indique comme donateur d'une croix incrustée
de pierres précieuses, dont le Christ, le pied et les
statues représentant Saint Jean et la Vierge, étaient
en argent.

RUE BASILE,

CE nom vient probablement de quelques plantes
de basilic que des voisins cultivaient sur leurs fenêtres, à une époque où cette labiée avait été récemment importée de l'Inde. La maison qui est à
l'angle saillant du coude que forme cette rue, fut

habitée de 1548 à 1572 par Izabete de la Lune et Françoise de Perussis, mère et fille.

RUE BASSINET,

DE LA RUE CALADE A LA RUE LANTERNE.

Ce nom fut donné, en 1843, à une rue qui n'en portait aucun. On l'emprunta à l'hôtel voisin, bâti en 1705 par Pierre-Dominique de Bassinet.

La famille de Bassinet, aujourd'hui éteinte, a joué à Avignon, dans les deux derniers siècles, un rôle très-honorable : Pierre Bassinet fut second consul en 1623; noble Jean de Bassinet, docteur, fut l'assesseur du consulat en 1665 ; Joseph de Bassinet remplit les mêmes fonctions dans les consulats de 1669, 1678 et 1684 ; Pierre-François Hyacinthe de Bassinet fut également assesseur dans les consulats de 1715, 1725, 1734 et 1747. Alexandre-Joseph de Bassinet prêcha devant la cour, fut vicaire-général du diocèse de Verdun, et est mort en 1813, laissant un grand nombre d'écrits estimés.

RUE BERTRAND,

DE LA RUE DE LA BANASTERIE A LA RUE DE SAINTE-CATHERINE.

Le nom de cette rue remonte au-delà du XIII siècle: il est dû à une famille nommée *Bertrand*, qui possédait, sur l'emplacement du Bureau de Bienfaisance, des fours à chaux alimentés par les pierres extraites de la roche des Doms. Les anciens documents portent *Carreria furni Bertrandorum;* mais l'usage a singulièrement scindé cette appellation : la rue qui passe au midi du Bureau de Bienfaisance,

— 25 —

a conservé le nom de rue du *Four*, et celle qui passe
au nord a été appelée rue *Bertrand*. ·

Le Bureau de Bienfaisance, fondé dans les premières années de ce siècle par le dévouement de
M. Puy, maire d'Avignon, fut d'abord établi dans
l'ancienne maison des Orphelines, à la rue des *Ortolans*, et ensuite dans le pavillon oriental de l'Aumône générale, à la rue des *Lices*. Il a été définitivement installé, en 1822, dans le local qu'il occupe aujourd'hui. Dans la même rue se trouve le
siége de l'administration des télégraphes. L'hôtel
qu'elle occupe a eu pour hôtes, le 27 novembre
1754, LL. AA. RR. le Margrave de Brandebourg-
Bareith-Culmbach, et son épouse Frédérique-Au-
gustine, sœur du roi de Prusse. M. de Galéan des
Issards, à qui il appartenait, leur en fit les honneurs
concurremment avec le Vice-Légat, Paul Passionei.

RUE DU BON-MARTINET,

DE LA RUE DES TEINTURIERS A CELLE DU PORTAIL-
MAGNANEN.

Ce nom est une corruption de *Burgum Martinen-
qui*. La famille de Martineng a donné un général
des troupes de Sa Sainteté, dans Avignon et le Comté
Vénaissin : il se nommait Marc-Antoine Martinengue, et exerça le commandement de 1572 à 1577.
C'est ce général qui fit faire le chemin de ronde
du Palais, dans la partie comprise entre la tour de
Trouillas et le rempart de la *Ligne*. Cette sorte de
tranchée et la muraille qui la défendait, prirent
de lui le nom de *Martinengue*.

RUE DE LA BONNETERIE ,

Sous cette dénomination assez moderne, se trouvent comprises trois ou quatre anciennes rues. Une enseigne d'auberge avait valu à la partie supérieure de la *Bonneterie* le nom de *rue Sauvage*. L'église paroissiale qui s'y trouvait fit prévaloir dans la suite le nom de *rue de St-Genét*. La *Bonneterie* proprement dite s'étendait de la rue des *Fourbisseurs* à la rue *Hercule* ; de là jusqu'à l'égout dit de *Cambaud*, s'étendait la rue du *Marché-des-cuirs* , et la partie restante jusqu'à la rue des *Teinturiers*, s'appelait la rue de la *Verrerie*.

Ici étaient les marchands de verre. Il s'y en trouvait encore un en 1781 , qui portait un nom célèbre dans la verrerie de Provence : c'était M. Jean de Ferre. La petite place , dite du *Père Éternel*, était le centre du marché des cuirs. Les habitants de ce quartier formaient une association charitable connue sous le nom d'*Aumône du marché des cuirs*. Plus anciennement , la rue du *Marché-des-cuirs* s'est appelée la rue de la *Pelleterie*, ou de la *Pelisserie* , parce que les *pelletiers* et fourreurs s'y étaient groupés.

Nous avons déjà nommé l'égout de *Cambaud*, qui reçoit les écoulements des eaux de la *Bonneterie*. Son nom lui vient d'une famille distinguée d'Avignon à laquelle appartenait la maison située immédiatement au-dessus de cet égout. Le Père Justin Boudin cite Jean Cambaud parmi les personnages qui se distinguèrent le plus à Avignon pendant les guerres de religion , par la sagesse de leurs avis, et au besoin, par leur valeur personnelle.

Il est à remarquer que le premier métier à tricot qui ait fonctionné à Avignon fut établi dans la maison au-dessus de l'égout de *Cambaud*, et qu'encore aujourd'hui, cette maison renferme un atelier de fabricant de bas.

L'ouverture des égouts était anciennement assez grande pour qu'un homme pût y entrer aisément. Les malfaiteurs pouvaient, par ceux qui aboutissaient aux Sorguettes, se transporter à une grande distance sans être aperçus, apparaître soudainement dans un quartier, et sortir même de la ville après avoir commis quelque mauvaise action. De là les légendes qui se répandaient parmi le peuple au sujet de tel ou tel de ces égouts.

On raconte, au sujet de celui de *Cambaud*, que la servante d'un des membres de la famille dont il porte le nom, était envers les mendiants d'une dureté révoltante : non-seulement elle ne leur donnait jamais rien, mais elle préférait jeter au fond de l'égout les restes qu'elle avait dédaignés, plutôt que d'en faire l'aumône à quelque malheureux affamé. Cette habitude attirait dans l'égout des bandes de chiens dont les grognements et les querelles fatiguaient tous les voisins. Dieu voulut que cette malheureuse endurât son enfer sur la terre tant que le monde durerait, et pour cela, il fit passer dans le corps d'un chien l'âme qui venait de quitter son enveloppe mortelle. Ce chien sans maître ne recevait que des coups, et il en était réduit pour vivre aux os qu'il trouvait dans l'égout de *Cambaud*. Quand le *trou Chapotat* débitait dans la Sorguette un peu plus d'eau qu'à l'ordinaire, ou que les eaux des ruisseaux enflés par les pluies faisaient entendre en tombant dans l'égout comme un long grognement, les voisins se disaient avec une sorte de terreur : *Entendez la servante de M. Cambaud, comme elle ronge ses os !...*

RUE DU BON-PARTI,

DE LA PLACE DU PALAIS A CELLE DE L'HÔTEL-DE-VILLE.

Ce nom, sur l'origine duquel nous ne savons rien de certain, est tout à fait moderne. Les anciens documents désignent cette rue sous le nom de *Miralherie*, ou *Miralerie*, probablement à cause des éventaires de quelques marchands *miroitiers*. L'acte le plus ancien que nous connaissions dans lequel cette rue soit désignée par son nom actuel, est à la date de 1697.

En 1509, un peintre nommé Nicolas d'Ypres acquit d'un autre peintre nommé Jean Changenot, une maison dans cette rue, et le Chapitre de Saint-Agricol lui fit gracieusement la remise d'une partie des droits de lods qui lui revenaient par suite de cette mutation. En 1778, un habile horloger nommé Mouchotte, demeurait aussi dans la rue du *Bon-Parti*.

RUE DU BON-PASTEUR,

DU BOURG-NEUF AUX GRANDS-JARDINS.

La maison du Bon-Pasteur et des recluses qui a laissé son nom à cette rue, dont elle était limitrophe, était destinée à la réclusion des filles et des femmes de mauvaise vie nées à Avignon. Elle fut fondée un peu avant 1707 par Jean-Pierre de Madon, seigneur de Château-Blanc, qui dota cette œuvre convenablement, l'administra jusqu'à sa mort avec un zèle édifiant et l'institua son héritière universelle. Ce bel exemple fut imité par son beau-frère, M. le Docteur Joseph Appaïs.

Il existe de nos jours, à Avignon, une maison du *Bon-Pasteur*, qui n'a de commun avec celle dont nous venons de parler que le but et le nom. On voudra peut-être un jour, pour éviter de fâcheuses confusions, changer le nom de la rue qui nous occupe : nous proposerons alors de la consacrer à la mémoire d'un ancien bienfaiteur, en l'appelant *Rue de Château-Blanc*.

PASSAGE DES BOUCHERIES,

DE LA RUE DU VIEUX-SEXTIER A LA RUE DE LA BONNETERIE.

La vente de la viande était anciennement l'objet d'une entreprise adjugée par l'administration de la ville. La ferme en était renouvelée de trois en trois ans. Il résulte d'une délibération du Conseil en date du 18 février 1483, qu'on avait essayé, un peu avant cette époque, de vendre la viande à l'estimation, mais qu'on revint alors à l'ancien mode de vente, qui avait lieu au poids et à prix fixe. Dans le conseil tenu ce jour-là, on taxa la viande de mouton et de cochon à 8 sous la livre, et celle de bœuf à 6 sous seulement. Le 12 avril 1519, la livre de viande de mouton fut taxée à 14 deniers, et celle de bœuf à 10. Le 21 février 1625, la livre de mouton fut aussi taxée à 14 deniers et celle de bœuf à 12.

Les étaux des boucheries étaient, à cette époque, établis sur des terrains appartenant à des corporafions ou à des particuliers qui en percevaient le loyer, mais qui les entretenaient fort mal. Le 7 mars 1489, on soumit au Conseil de ville un projet de diverses améliorations à faire au bâtiment de la grande boucherie. Le devis dépassait deux cents florins. On voulait surtout fermer cet établissement, afin, dit la délibération, *d'éviter que les malfaiteurs ne s'y cachent, et que les lépreux, malades, ou autres personnes, n'y dorment la nuit et n'y fassent des ordures, ce qui rend les viandes infectes.*

Ce n'est qu'en 1683 que la ville fit construire sur son terrain, près de l'hôtel-de-ville et en face du Cercle actuel de la Bourse, une boucherie municipale dont les plans avaient été dressés par l'architecte Mignard. La nécessité d'agrandir la place de l'hôtel-de-ville fit démolir ce monument en 1743, et en 1749, on construisit, sur le sol du vaste hôtel que la ville avait acquis du comte de Villefranche, le bâtiment que nous connaissons tous. M. Franque, architecte, en avait dressé les plans, et la maçonnerie seule dut coûter environ douze mille livres.

L'hôtel de Villefranche comprenait, non-seulement le lieu où étaient les étaux de la boucherie, mais les maisons voisines, celles de face, la Triperie et la Poissonnerie. Il avait été habité, du 2 avril 1716 au 6 février 1717, par le roi d'Angleterre, Jacques Stuart, qui y revint le 23 août 1727, et y demeura jusqu'au 20 décembre suivant. Tous les jours, cet infortuné monarque allait entendre la messe à Saint-Genêt, et le Chapitre de cette collégiale employa l'offrande qu'il fit en partant, à décorer la chapelle de cette église qu'on avait dédiée à l'apôtre Saint Jacques.

RUE DE LA BOUQUERIE,

La partie septentrionale de cette rue jusqu'à la
place de la Préfecture, s'appelle aussi, à cause du
voisinage de l'hôtel où les Préfets du département
font leur résidence, *Rue de la Préfecture.*

Au XIVᵉ et au XVᵉ siècle, ce nom de *Bouquerie*,
qui signifie boucherie , s'appliquait de préférence
à la rue *Saint-Marc* , à l'extrémité méridionale de
laquelle se trouvait la porte de la *Bouquerie.* La
rue actuelle de la *Bouquerie*, avec celle de *Saint-
Nicolas-d'Annecy* , qui lui fait suite , s'appelait indistinctement *Carreria Massarum* et *Carreria Blan-
carie veteris.*

Entre les maisons actuelles des RR. PP. Jésuites, du Noviciat des Frères des Écoles Chrétiennes
et de MM. Bosse et Seguin, existait une rue étroite,
aujourd'hui fermée, dite en 1324 *del Amellier*, ali-
ter *des Toffans.* Une Jeanne Laure , brunisseuse de
vases d'argent, y habitait au XIVᵉ siècle.

Dans la rue de la *Bouquerie*, entre la rue *Ba-
sile* et le *Plan-de-Lunel*, était, au XIVᵉ siècle, la
livrée de Robert de Genève, archevêque de Cambrai,
qui fut créé cardinal en 1372 par le pape Grégoire
XI. La faction des cardinaux français, après avoir
protesté contre l'élection d'Urbain VI, qui avait été
faite sous la pression de la populace de Rome, élut
à la papauté, en 1378, ce même Robert, qui figure
dans l'histoire du schisme sous le nom de Clément VII, et qui siégea à Avignon.

RUE DU BOURG-NEUF,

On a dû d'abord donner ce nom à l'ensemble
des maisons qui s'élèvent en dehors du Portail-
Peint. Les anciens documents donnent à cette rue
bien des désignations différentes, et semblent parfois la confondre avec la rue du *Pont-Troucat* et
celle de la *Courreterie des chevaux.* Voici quelques-
unes de ces désignations : *Domus in carreria Burgi
novi*, *confrontans ab Oriente cum carreria vulgariter dicta* la Bonne Carrière, 1485 — *Domus in carreria Burgi novi, seu Corraterie equorum*, *confrontans a parte retro cum carreria qua itur a Portali
Picto ad Pontem Traucatum*, 1550. — *Rue Bourg-
neuf et Pont-Troucat* 1551, 1557, 1564, 1582. — *Rue
Bourg-neuf ou Pont-Troucat*, 1678.—*Rue du Bourg-
neuf*, *sive de la Mascarié*, 1771.

Nous avons dit que la rue du *Bourg-neuf* aboutissait à la place de la *Pyramide.* Voici à quelle
occasion cette pyramide fut élevée et comment
elle a ensuite disparu.

Peu de temps après que Louis XIV eut restitué
au Pape les États d'Avignon et du Comté Vénaissin,
le Vice-légat, Alexandre Colonna, publia, sous la
date du 15 octobre 1664, un règlement d'une sévé-
rité outrée. Après quelques réclamations qui
échouèrent, la population irritée courut aux armes. Cette prise d'armes eut lieu le 25 octobre, et
l'on prétend qu'il ne se leva pas moins de quinze
mille hommes. La garnison italienne fut aisément
chassée de la ville, et le Vice-Légat, se voyant sans
défense, révoqua son règlement.

Colonna n'avait fait que dissimuler, car ayant expédié secrètement des courriers au duc de Mercœur, gouverneur de Provence, afin d'en obtenir des secours, il alla le joindre à Villeneuve le 2 février 1665, accompagné de tous les officiers de la légation, et entra solennellement le même jour dans la ville, escorté par les troupes françaises, et accompagné du Gouverneur et du premier Président du Parlement d'Aix. Les consuls, qui avaient vu venir l'orage, avaient inutilement imploré l'intervention du Roi du France ; on ne leur avait répondu que pour leur ordonner la soumission. Ils allèrent donc au-devant du Vice-Légat, en chaperon, lui demandèrent pardon à deux genoux et le supplièrent de les absoudre des censures qu'ils avaient encourues. Le Vice-Légat leur accorda cette absolution avec hauteur et solennité. Les supplications qu'on fit faire à Rome eurent plus d'effet : le Pape Alexandre VII accorda une amnistie générale pour tous les excès commis pendant la révolte. MM. de Villefranche, père, le comte des Issarts, de Javon, de Chasteuil, de St-Roman, Chaissy et Anfossi, furent seuls exceptés de cette amnistie, qui fut solennellement publiée le 4 avril 1665.

Ce même jour, le Vice-Légat congédia les consuls, désarma la population et prit dans ses mains la direction des affaires municipales. Il fit en même temps fortifier le Palais et procéder criminellement contre les chefs de la sédition qui se trouvaient en fuite. Tous furent condamnés à être pendus, par une sentence du 20 mai 1665, que Colonna lut et signa en pleine audience criminelle. On peignit l'effigie des fugitifs sur un tableau qu'on attacha à la potence ; on publia ensuite un ban qui promettait 200 pistoles de récompense à ceux qui livreraient un des fugitifs.

Toutes ces rigueurs ne suffisant pas, on assembla au Palais, le 2 juin 1665, tous les maçons de la ville ; on les conduisit à la maison de Chaissy, l'un des condamnés, et on la leur fit raser. On éleva, au moyen des matériaux de la maison démolie, une pyramide sur le sol qu'elle avait occupé, et l'on plaça sur cette pyramide l'inscription suivante :

Cum VIII *kalend. novembris anni* 1664,

Populari furore, seditiosorum hominum instinctu conflata, contempta Prolegati auctoritas, præsidiarii milites urbe pulsi, Palatium Apostolicum obsidione vexatum, atque violata Principis majestas, et sublata publica tranquillitas esset,

ALEXANDER VIII, PONT. MAX. ,

Contentus animadversione in septem præcipuos defectionis auctores,

THOMASSUM DE TULLA DE VILLA FRANCA,
CLAUDIUM DE GALÉAN DES ISSARTS ,
PAULUM-BARTHOLOMEUM BARONCELLI-JAVON,
FRANCISCUM JOSEPHUM DE PUGET DE CHASTEUIL ,
GASPAREM DE CONCEYL DE SAINT-ROMAN ,
CLEMENTEM CHAISSY ,
ET PETRUM ANFOSSI ;

eadem causa capitis damnatos, et quia merita sese pœna subduxerunt, [effigiæ eorum infelici ligno addictæ, publicatisque bonis et unius domo eversa, ejusque loco pyramide erecta, sententiam passos, reliquæ multitudinis errore paterno animo ignoscendum putavit, exque justitiæ et clementiæ temperatione, republica egregie constituta, Deo Sedique Apostolicæ ac sibi alteram Romam restituit.

Deux des fugitifs, MM. de Villefranche et Chaissy, moururent en exil; Louis XIV ayant intercédé pour les autres, obtint leur grâce entière: ils retournèrent à Avignon le 24 août 1677. En 1768, Louis XV, après s'être emparé des états citramontains de l'Église, permit aux Consuls de faire disparaître, en rasant la pyramide, les traces d'une répression qui, d'ailleurs, n'avait point été exempte de partialité.

RUE BOURGUET,

DE LA RUE DE LA CARRETERIE A LA RUE CHARRUE.

Bourguet est un diminutif de *bourg*, d'où l'on peut entendre par Bourguet un *petit bourg*, une agglomération distincte d'habitations. Au moyenâge, les contestations et les rivalités amenaient souvent, au sein des villes populeuses, des combats de rue: cela fut cause que les constructions civiles tinrent un peu des constructions fortifiées. Les ouvertures basses des maisons étaient plus étroites que les ouvertures élevées, et l'édifice se couronnait de meurtrières et de créneaux. Une tour d'escalier, quand elle n'était pas plus importante, formait au centre une sorte de donjon et un poste pour le guet. Le petit peuple, toujours foulé par les batailleurs, parce qu'il ne pouvait pas se loger comme les grands, se serrait autour d'eux. Les Cardinaux, apposant des barrières aux rues qui aboutissaient à leurs palais, abritaient ainsi quelques pauvres maisons. C'était une imitation du Bourguet. Celui-ci n'avait le plus souvent qu'une issue sur la voie publique. Une cour était au milieu de son enceinte, et dans cette cour, un puits commun à tous les habitants. Un escalier, souvent commun aussi, desservait tous les étages. Autour de la cour régnaient de petits logements d'artisans, tandis que le propriétaire avait sa demeure du côté de l'entrée, et pouvait, des membres hauts de son logis, abaisser la herse, qui, en temps de trouble, devait fermer l'entrée du Bourguet. De nos jours, le cloître de Saint-Didier est une image assez fidèle de ce qu'était le Bourguet au moyen-âge. Il formait comme une petite communauté, ou un fief dans l'enceinte de la ville.

La disposition spéciale des bourguets dut nécessairement être adoptée pour les constructions qu'on éleva au XIVᵉ siècle entre l'ancienne et la nouvelle enceinte d'Avignon. Nous avons déjà parlé du *Bourg des Ortigues* et du *Bourg Martineng ;* nous parlerons plus loin du *Bourguet des Ortolans*. Les anciens documents en mentionnent une foule d'autres, parmi lesquels nous citerons le *Bourg de Gaufridi Augerii* (1302), le *Bourg des Olliers* (1370) et le *Bourguet*, vulgairement nommé, en 1370, de *Giguonha*. Celui-ci était situé en dehors de la *Porte-Évêque*, et ne comprenait pas moins de seize petites maisons. La grande était habitée par un banquier du nom de *Guimetus Alberti*, qui était seulement propriétaire de la moitié du bourguet. Celui-ci était percé de deux rues se coupant à angle droit. Ce devait être un des quartiers mal habités de la ville, car nous y trouvons à la date précitée : 1° Mingete de Narbonne, *mulier communis ;* 2° Jeannette de Metz ou de Lorraine, *mulier communis et publica ;* 3° Marguerite la Porceluda, *alias de la Cassera*, *mulier publica ;* 4° Étiennette de las Fayssas, femme de Nicolas Pastum, jardinier.

La rue du *Bourguet* a pris son nom du *Bourguet des Bérenger*, qui s'étendait jusqu'à la *Belle-Croix*. M. de Blégier, dans sa notice sur les Vicomtes d'Avignon, pense que les Bérenger descendaient de ces anciens seigneurs qui gouvernèrent Avignon au XIe siècle. On pourrait conserver cette trace historique en ajoutant leur nom à celui de *Bourguet*.

RUE BROUETTE,

DE LA RUE DU PORTAIL-MAGNANEN A LA RUE DAMETTE.

CETTE rue n'étant guère habitée que par des cultivateurs, on a voulu lui donner le nom d'un des outils qui leur sont le plus familiers, et en 1843, on a substitué le nom de rue *Brouette* à celui de rue *Grenier-étroit*.

RUE CABASSOLE,

DE LA RUE DE LA CARRETERIE A LA RUE DES INFIRMIÈRES.

CETTE rue doit son nom à une illustre famille du Comtat: Jean de Cabassole était chevalier, professeur de droit civil, grand juge des comtés de Provence et de Forcalquier, et conseiller de la haute-cour des maîtres des Comptes. Charles II, roi de Sicile et comte de Provence, lui donna, le 31 janvier 1307, une partie du péage à sel d'Avignon, et le roi Robert, son successeur, lui donna, le 27 août 1329, cinquante livres de censes que sa cour percevait dans la ville d'Avignon et dans ses faubourgs. La rue Cabassole était percée à travers les censives que le roi avait ainsi inféodées au seigneur dont elle a pris le nom.

En 1316, deux maisons de Jean de Cabassole furent prises pour les livrées des cardinaux. Philippe de Cabassole fut quatre fois premier syndic de la ville, savoir : en 1363 , 1368, 1372 et 1379. Le cardinal du même nom gouverna les états citramontains de l'Église en 1368 , pendant le voyage qu'Urbain V fit en Italie, et eut soin, en cette qualité, de faire achever les remparts d'Avignon. Jean de Cabassole fut quatre fois syndic, savoir : en 1404, en 1407, en 1414 et en 1419. Louis de Cabassole , Pierre de Cabassole et Guillaume de Cabassole, furent syndics à leur tour , le premier en 1406, le second en 1435 et le troisième en 1458. En 1498, Julien de Perussis et Pierre de Cabassole furent envoyés en ambassade par la ville afin d'aller complimenter Louis XII sur son avénement à la couronne de France. Nous ne saurions mieux justifier la dénomination qui a été donnée à cette rue.

RUE CALADE ,

DE LA RUE SAINT-ÉTIENNE A LA PLACE DES CORPS-SAINTS.

QUOIQUE le nom de rue *Calade* soit synonime de rue *Pavée* , et que déjà , en 1524, nous trouvions dans les actes le nom de *Carreria Callatæ* , il ne s'ensuit pas que celle-ci ait été une des premières de la ville dont la chaussée ait été systématiquement couverte de cailloux roulés. Nous voyons , au contraire , par les délibérations du Conseil de ville, qu'en 1373 , il fut fait des publications pour défendre de soustraire les murailles des maisons, de faire des caves , auvents , ou *pavés*. nommés alors *calatas*, sans avoir obtenu la permis-

sion des maîtres des rues ; qu'en 1458, on complé-
tait le pavé de la place du Change, et qu'en 1491 ,
on pavait la rue Ste-Praxède. Les voisins contri-
buaient alors à la dépense, proportionnellement au
développement de leurs héritages sur les rues. Le
manuscrit de Jean Morelli, (fol. 241), que nous trouvons cité dans les savantes compilations de M. l'abbé
de Massilian, nous apprend, d'un autre côté, que,
le 20 février 1586, le seigneur d'Epernon , gouverneur de Provence, étant à Avignon pour y attendre le seigneur La Vallette, son frère , qui devait
prendre sa place, fit *desmavonner* la rue de la *Fusterie*, et, le 20 mars 1587, *courut la bague avec
grand triomphe, tous masques accoutrés de couleurs.*

Ce fut Charles de Comti, Vice-Légat d'Avignon,
qui fit paver entièrement la *Calade* depuis le couvent des Dominicains jusqu'à celui des Cordeliers.
Il donna à cette rue , connue jusque là seulement sous le nom de *Rue des Lices*, le nom de
Rue de Comti. On lisait , avant 1792, l'inscription
suivante au haut du mur septentrional de l'église
des Cordeliers, au-dessus du canal de la Sorgue :

CLEMENTE VIII. P. O. M.

CAROLUS S. R. E. CARDINALIS

DE COMITIBUS ,

VIAM CŒNO INACCESSAM A DOMINICAN. AD FRANCISCAN.

STRAVIT.

DE COMITIBUS APPELLAVIT ,

AN. SAL. 1604.

Les rues des *Grottes*, de *Saint-Étienne*, de la
Calade, des *Lices*, de la *Philonarde*, de la *Campane*
et des *Trois-Colombes*, décrivent, dans leur parcours,
l'enceinte d'Avignon qui fut démolie après le siége

soutenu par cette ville au mois de septembre 1226.

On ne saurait faire un pas dans la *Calade* sans y rencontrer un établissement public ou un hôtel particulier qui mériteraient chacun de faire le sujet d'une notice. Qu'il nous suffise de citer l'hôtel qui touche aux bâtiments de l'Oratoire : Bertrand de Cosnac, créé cardinal par Grégoire XI, et qu'on désignait sous le nom de cardinal de Comminges, l'habita de 1371 à 1374. Au XVIᵉ siècle, nous le trouvons habité par une famille milanaise du nom de Trivulce , qu'Antoine Trivulce, Vice-Légat d'Avignon, de 1544 à 1547, y avait attirée. Cet hôtel passa ensuite successivement aux Montmorency, aux Lagnes, aux Beauvois de Nogaret et aux Suarés d'Aulan, qui le firent reconstruire, en 1784, sur les plans de l'architecte Bondon. Il appartenait, sous le premier empire, aux Pezénas de Pluvinal, et depuis lors, il n'a pas cessé d'être possédé par la famille de Réginel-Barrème.

RUE PETITE-CALADE ,

DE LA RUE CALADE AU PLAN-DE-LUNEL.

PENDANT très-longtemps, cette rue, qui doit son nom à sa voisine , n'a été désignée que par ses tenants et aboutissants.

RUE DE LA CAMPANE ,

DU PORTAIL-MATHERON A LA RUE DES INFIRMIÈRES.

CETTE rue doit son nom à une enseigne d'hôtellerie. On l'appelait auparavant la rue de la *Fenaterie*, comme on le voit par la citation suivante d'un

acte antérieur à 1549 : *Carreria Fenaterie , sive di-
versorii Campane.*

Vers 1780, la maison qui forme l'angle ouest de
l'extrémité septentrionale de la rue *Campane,* appartenait à Marie-Louise de Basset, dont le frère,
Marc-Antoine de Basset, était prêtre-religieux Carme
de l'ancienne Observance et docteur en théologie.
On le comptait parmi les membres les plus considérables de l'Ordre, dont il avait été Provincial pour
la Provence. Peu austère par goût, le religieux,
voyant que sa sœur allait mourir sans postérité,
trouva moyen d'éluder le vœu de pauvreté par
lequel il était lié et de palper la succession. Il se
fit instituer pour cela héritier à titre *fiduciaire,*
c'est-à-dire chargé d'administrer les biens de l'héritage, pour en employer le produit à l'acquit annuel d'une fondation pieuse. Cette fondation con-
sistait à remettre cinq sous à chacune des personnes qui, à certain jour de l'année et dans une
chapelle déterminée de l'église des Carmes , s'ap-
procheraient de la sainte-table. Le concours n'é-
tait pas ordinairement très-grand, et le moine, qui
n'avait pas à rendre compte , disposait à son gré
du restant des rentes qu'il avait perçues.

RUE CARDINALE ,

DE LA PLACE DU PALAIS A CELLE DE L'HÔTEL-DE-VILLE.

On ignore le motif qui a fait donner à cette rue
le nom de *Cardinal,* ou de *Cardinale,* qui ne se
trouve dans aucun document ancien. Des actes de
1563 et 1574 la désignent sous le nom de *Traverse
de la Vice-Gérence,* ce que le voisinage du palais
de ce nom justifie entièrement.

Le tribunal de la Vice-Gérence fut institué le 7
mars 1413 par François de Conzie, archevêque
de Narbonne, camerlingue du Saint-Siége, légat
et Vicaire-général d'Avignon, en vertu d'une bulle
du Pape Jean XXIII, en date du 20 novembre 1412.
Il établit le siége de cette juridiction à Avignon
dans le *Palais-Royal*, le même qui, pendant la
République, avait été habité par les Podestats.

Par sa bulle du 1er juin 1445, le pape Eugène
IV établit la juridiction du Vice-Gérent sur les
monnayeurs et sur tous les exempts des juridictions
ordinaires, qu'ils fussent religieux, militaires,
moines ou mendiants. Il l'étendit même sur les
docteurs et les écoliers de l'Université; mais en
1514, ceux-ci furent mis sous la juridiction de leur
Primicier.

En 1484, Sixte IV unit l'office de Vice-Gérent avec
ses pouvoirs et émoluments à l'Université d'Avignon; mais en 1493, Alexandre VI rétablit les choses dans leur premier état.

PLACE DES CARMES,

ENTRE LA RUE DE LA CARRETERIE ET CELLE DES INFIRMIÈRES.

Il est superflu de dire que cette place doit son
nom à l'établissement qu'y firent, en 1267, les religieux du Mont-Carmel. La voûte de leur église
s'écroula le 20 mai 1672. L'église fut alors rebâtie,
mais on n'y fit point de voûte. Celles qu'on y voit
aujourd'hui sont en briques, et ont été faites vers
1835. Entre la place et la rue des *Infirmières*, les
Carmes possédaient quatre petites maisons qui
formaient l'Ile 14. Elles furent démolies au mois

d'octobre 1791, et ce numéro manque aujourd'hui dans la série des 157 îles dont se compose la ville.

RUE DE LA CARRETERIE,

DU PORTAIL MATHERON A LA PORTE SAINT-LAZARE.

CE nom vient de ce qu'une partie des corroyeurs d'Avignon s'y était établie , *Coirateria, Curateria ,* dit l'acte de 1371, en vertu duquel on transféra dans cette rue et sur la place des *Carmes* le marché aux cuirs, qui se tenait auparavant dans la rue des *Fourbisseurs* et aux alentours de l'église de de Notre-Dame-la-Principale. On ignore les motifs qui le firent transférer dans la suite à la rue de la *Bonneterie*, où nous le trouvons établi dès le XV° siècle.

En tête de la rue de la *Carreterie* étaient, au nord, l'hôpital des Pèlerins, fondé sur la fin du XIV° siècle, et au midi , le couvent des Ermites Augustins , fondé en 1261.

PLACE DU CHANGE,

DE LA PLACE DE L'HÔTEL-DE-VILLE A LA RUE-ROUGE, OU DES ORFÈVRES.

LE *Change* a été de tout temps un des quartiers les plus riches et les plus commerçants de la ville. Ce nom lui vient des opérations de change et de banque qui s'y traitaient au XIV° siècle et au XV°. Aussi les plus anciens documents mettent-ils, pour la plupart , ce nom au pluriel : *Cambii majores ,* 1370; *Platea Cambiorum,* 1571 ; *Place des Changes,* 1548, 1561 et 1628. Au XIV° siècle, les changeurs avaient sur cette place, pour exercer leur industrie, de petites boutiques, des échoppes, ou même de simples éventaires. Ces constructions, qui déparaient la voie publique, furent démolies en vertu d'une délibération du Conseil de ville en date du 18 avril 1448. La mesure n'atteignit pas seulement les petites boutiques et les tabliers, mais encore une loge où se tenaient les bijoutiers, et qu'on appelait à cause de cela *dyaman*. Ce terrain ainsi déblayé ne fut pavé qu'en 1458.

C'est sur la place du *Change*, au midi de la maison actuelle de M. Ducommun, que demeurait le Chevalier Bernard de Rascas, qui fut assesseur du syndicat d'Avignon en 1348, et qui se recommande comme poëte, comme jurisconsulte, et surtout comme bienfaiteur des pauvres. C'est à sa libéralité que la ville d'Avignon doit la fondation du grand hôpital de Sainte-Marthe. Bernard de Rascas avait pour voisin, dans la maison qu'habite aujourd'hui M. Ducommun, un marchand de draps d'or et de soie, nommé Allemand Guet. Sur l'emplacement du café Henri IV, était la maison paternelle du brave Crillon. Gilles de Berton, son père, et Claude, son oncle, y demeuraient encore en 1568. Presque en face, dans la maison de M. Rouvière pharmacien, Jean Guillermin sculptait, en 1659, le Christ de la Miséricorde, que les connaisseurs ont mis depuis longtemps au nombre des merveilles de l'art.

RUE DU PETIT-CHANGE,

DE LA PLACE DU CHANGE A LA RUE DES MARCHANDS.

Cette rue doit son nom à la place voisine.

RUE DU CHAPEAU-ROUGE,

DE LA RUE DU PORTAIL MATHERON A LA PLACE PIE.

. Le nom de cette rue est moderne, et provient de l'enseigne qu'on voyait encore, en 1830, au-dessus de l'hôtellerie actuelle du *Luxembourg*. Cette même auberge, avant d'évoquer les souvenirs de l'ancien régime par la peinture d'un chapeau de cardinal sur son enseigne, semblait faire appel aux gastronomes par la peinture d'une lamproie, sur ce même tableau ; de là l'ancien nom de cette rue, qui se voit encore gravé à l'angle de la maison Vigier. Plus anciennement, cette rue était dite des *Prisons-de-l'Auditeur*, qui étaient dans la tour de l'hôtel du Luxembourg, ou de la *Pignotte*, parce que la maison de l'ancienne Aumône de ce nom avait une partie de ses dépendances sur cette rue. Ainsi les anciens documents disent : *Rue de la Pignotte*, alias *de la Lamprest*, 1613 ; *Rue de l'Auditeur, ou de la Lamproy*, 1754.

RUE CHARRUE,

DE LA RUE DE LA CARRETERIE A CELLE DE L'HÔPITAL.

Avant 1843, cette rue était appelée rue *Caladade*, adjectif provençal qui signifie *Pavée*. Elle devait ce nom à l'avantage qu'elle avait eu de jouir de cette amélioration bien avant les rues voisines, dont l'importance n'était pas moindre. On a changé ce nom à cause de la confusion qu'il occasionnait souvent avec les rues de la *Calade* et de la *Petite-Calade* ; et comme elle était habitée par des cultivateurs,

on lui a donné, ainsi que nous l'avons déjà dit pour
la rue *Brouette*, le nom d'un des instruments dont
ils font le plus fréquent usage.

RUE DU CHAT,

DE LA RUE DES LICES A LA RUE DES TROIS-FAUCONS.

QUELQUE chat abandonné aura sans doute servi
de parrain à cette rue, dans laquelle ne s'ouvre pas
une seule porte. On aurait pu lui donner un nom
qui conservât, soit le souvenir de la Porte de *Rome*,
ou du *Pont-Rompu*, qui existait près de là, soit celui
de l'établissement charitable qui la bordait au nord.

La ville d'Avignon a droit d'être fière des établissements multipliés qui furent ouverts dans son
sein aux souffrances diverses de l'humanité. Dès
l'an 442 de notre ère, un concile tenu à Vaison mit
sous la protection des évêques les enfants exposés
ou abandonnés. Il leur fut ouvert plus tard, par
la bulle que le pape Grégoire XI donna le 23 octobre 1372, un asile qui était situé sur l'emplacement de la maison actuelle de Mme Duplantier, née
Lambert, et qui s'appelait l'Hôpital de Gigono. Par
un abus trop fréquent à cette époque, et que les conciles de Vienne et de Trente ont enfin réprimé, le
pape Sixte IV unit, en 1471, cette œuvre à l'abbaye
de Montmajour-les-Arles. Les abbés de Montmajour
dénaturèrent la fondation en la faisant servir à
un collége pour six jeunes religieux étudiants en
droit canon à l'Université d'Avignon. Les réclamations que la ville ne manqua pas de faire à ce
sujet (voir les conseils tenus le 15 juin 1473, le 4
janvier 1474, le 20 septembre 1479, etc.) ne furent
point écoutées : la ville prit à sa charge les bâ-

tards, qu'elle confia, en 1600, à l'administration de
l'Aumône générale.

PLACE DES CHATAIGNES,

DE LA PETITE-SAUNERIE A LA RUE DE LA CORDERIE.

Ce nom remonte au moins au XIVe siècle, et
vient assurément de ce que le marché aux châ-
taignes se tenait en cet endroit.

RUE DES CHEVALIERS,

DE LA PLACE DES CORPS-SAINTS A LA RUE DES VIEILLES-
ÉTUDES.

Cette rue était habitée par les marchands de cochons, ce qui la fit appeler rue des *Pourquiers*, et
par antiphrase, rue des *Chevaliers*. On trouve le plus
souvent, relatés dans les actes, les deux noms ac-
colés ensemble ainsi : *Rue des Chevaliers et des
Pourquiers*, 1569 — *Rue des Chevaliers* ou *des Pourquiers* , 1550 , 1678, 1691, 1734 , 1746 et 1783. On
connaît aussi cette rue sous la dénomination de rue
de la *Paille* , à cause de la litière qu'on y entretenait pour la convertir en fumier.

Dans cette rue, traversant sur celle de la *Colombe*,
était la maison d'une famille d'artistes avignonais
qui se sont fait un nom. Jean-Baptiste Péru, qui
a sculpté les autels de Saint-Didier et de Saint-Agricol, y demeurait bien avant 1746, et ses descendants
l'ont occupée jusqu'au moment où la tourmente
révolutionnaire est venue les disperser. Substituer
aux dénominations , d'ailleurs peu flatteuses, de
cette rue , le nom de ces artistes célèbres , serait,
selon nous , un juste hommage à rendre à leur
génie.

RUE CHIRON,

DE LA GRANDE-FUSTERIE A LA RUE DES GROTTES.

Le nom d'un simple particulier est resté à cette rue, qui, confondue avec la rue *Pucelle*, dont elle est la continuation, pourrait être honorablement appelée la rue *Calvet*.

Esprit-Claude-François Calvet, né à Avignon le 24 novembre 1728, mort dans la même ville le 25 juillet 1810, était docteur et professeur en médecine, et correspondant de l'Académie des Inscriptions et Belles-Lettres. Il fut le bienfaiteur des pauvres et le fondateur de la Bibliothèque et du Musée d'Avignon. Il demeurait au commencement de la rue *Pucelle*, dans une maison que son père avait acquise du sieur Brassier, en 1735.

RUE DES CISEAUX-D'OR,

DE LA RUE DE LA PEYROLERIE A LA RUE DE LA BANASTERIE.

Cette rue a pris son nom de l'enseigne d'une hôtellerie qui était exploitée, en 1677, par un nommé Antoine Pique Sethe. Il y avait là la livrée d'Hugues de Saint-Martial, créé cardinal en 1361 par Innocent VI, mort en 1403.

RUE DES CLÉS,

DE LA RUE DES TEINTURIERS A LA PORTE DE L'IMBERT.

Le nom de cette rue vient encore d'une enseigne d'hôtellerie qui a été exploitée pendant longtemps sous cette dénomination. *Carreria qua itur de in-*

tersignio Clavium ad portale Ymberti, dit un document de 1558. L'hôte des *Clés* était, en 1573, un nommé Benoît Guilhermin.

Le logis des *Clés* formait, en tête de la rue, sur le bord de la Sorgue, l'angle occidental. On y entrait par un pont sur le canal, et sur ce pont, la piété des fidèles avait élevé une sorte d'oratoire dans lequel était une croix. Le 4 mai 1629, le Conseil de ville délibéra de fermer cet oratoire par une grille de fer, pour empêcher le bétail d'y entrer.

Tout le côté oriental de la rue des *Clés* était bordé par les possessions du noviciat des Capucins, fondé en 1662 par Jean-Hugues de Véras, qui leur donna sa maison, où était anciennement l'hôpital de Notre-Dame-de-Nazareth. L'existence de cet hôpital était antérieure à l'année 1345.

RUE COCAGNE,

DE LA PLACE DES CORPS-SAINTS AU REMPART SAINT-MICHEL.

CETTE rue n'a point été appelée ainsi parce qu'elle traversait un pays de *Cocagne*, mais parce qu'habitée presque exclusivement par des cultivateurs, il y avait des terrains libres où se faisaient les foulaisons, ce qu'on appelle en provençal *Cauca*. Aussi les anciens documents écrivent-ils : *Carreria Coquayne*, 1499; *Carreria appellata de Caucaigne*, 1523; *Rue Caucagne*, 1678, 1716, 1770. L'orthographe actuelle de ce nom se trouve pour la première fois dans un document de 1771.

3

RUE DU COLLÉGE,

Les bâtiments du Lycée furent d'abord la livrée de Gaillard de la Motte, neveu du pape Clément V, créé cardinal par Jean XXII en 1316, et mort en 1357. Ils devinrent, un peu plus tard, le palais de Nicolas de Brancas, évêque de Cosence, créé cardinal en 1378 par l'anti-pape Clément VII, et mort en 1407. Charles et Jules de Brancas en étaient encore propriétaires lorsqu'en 1564, on décida de fonder à Avignon un collége des Jésuites. La ville, qui avait d'abord pris ce palais à titre de location, en expropria les possesseurs, et en devint propriétaire au mois de novembre 1568, moyennant deux mille écus qu'elle leur compta d'après les fixations d'une expertise. L'église ne fut bâtie qu'en 1674.

Même après l'établissement du collége, la rue s'appelait encore *la Traverse*, ou *la livrée de la Motte*. Nous trouvons particulièrement cette dernière désignation dans un acte de 1586. On l'appela ensuite indistinctement rue du *Collége*, ou rue des *Jésuites*. Le nom de rue du *Grand-Arceau* vint concourir avec les deux autres, lorsqu'en 1674, la construction hardie qui traverse cette voie publique eut réuni le bâtiment propre des Jésuites à celui de leur collége. La ville donna 1500 écus aux Révérends Pères pour jeter cet arceau, mais à condition qu'ils y mettraient les armes de Clément X, celles du Cardinal-Légat Altieri, celles du Vice-Légat d'Anguisciola, et enfin celles de la ville. Cela fut fait, et l'on plaça de plus entre les quatre écussons l'inscription suivante :

CIVITATI AVENIONENSI
CUJUS EXIMIA IN SOC. JESU MUNIFICENTIA
SURREXIT HIC ARCUS,
CONSULIBUS ILLUSTRISSIMIS D. DOMINIS
JO. BAPT. DES ACHARDS DOMINO DE LA BAUME,
D. PETRO BARBIER, D. ANDREA ASTIER
ET CLARISSIMO D. FRANCISCO DE SILVESTRE
J. V. D. III. ASSESSORE,
PERENNE GRATI ANIMI MONUMENTUM
POSUIT COLLEGIUM AVEN.
ANNO DOMINI M. DC. LXXIIII.

Après 1793, le collége fut transformé en caserne, et la rue qui n'a jamais eu d'autre nom que celui de l'affectation des bâtiments qu'elle séparait, s'est appelée successivement rue des *Casernes*, sous la République ; rue du *Lycée*, sous l'Empire de Napoléon Ier ; rue du *Collége*, sous la Restauration et sous le règne du roi Louis-Philippe, et s'appellera bientôt encore rue du *Lycée.*

RUE DU COLLÉGE-D'ANNECY,

DE LA RUE SAINT-MARC A LA RUE DE LA BOUQUERIE.

Un couvent de religieuses Bénédictines sous le vocable de Sainte-Marie, existait au milieu d'un bois sur la rive droite du Rhône. On venait dans ce bois couper des bourrées pour chauffer les fours d'Avignon, d'où l'on appela ce monastère *Sainte-Marie-des-Fours.*

Les brigands qui, au XIVe siècle et au XVe, poussèrent de si fréquentes pointes sur Avignon, auraient pu saccager cette communauté de vierges sans défense. En 1362, Anglicus Grimoard, évê-

3.

que d'Avignon, dans son inquiète sollicitude, les appela dans la ville, où leur nom les suivit. Cette rue, dite auparavant des *Masses*, de la *vieille Blanquerie*, etc. (voir ce qui a été dit pour la rue *Bouquerie*), s'appela aussi, à cause d'elles, la rue de *Notre-Dame-des-Fours*. Le cardinal Brogny ayant, dans le siècle suivant, acheté leur monastère pour y établir le collége de Saint-Nicolas d'Annecy, dont il fut le fondateur, le nom de la rue subit la même modification que la destination de l'établissement. Après la Révolution, on y installa des bains publics sous la désignation de *Tivoli*, et la rue en prit tout de suite le nom. Cependant, lorsque en 1843, M. d'Olivier lui imposa son nom actuel, le vieux nom de rue *Masse* était encore gravé à son entrée. Elle devait ce nom à Pons des Massis, qui l'avait habitée en 1325. On ne saurait dire si Pierre Obreri, le rude architecte du Palais des Papes, demeurait dans cette rue; mais le terrier de l'évêché d'Avignon nous apprend qu'en 1370, Agnès de Beaufort, sa veuve, y possédait deux belles maisons séparées entre elles par une cour.

RUE DU COLLÉGE-DE-LA-CROIX,

DE LA RUE DE LA BONNETERIE A LA RUE DE LA MASSE.

Une tradition qui paraît assez respectable, veut qu'il y ait eu dans cette rue un des lieux où le Conseil de ville a successivement siégé. Il est certain qu'il y avait au XIVᵉ siècle une hôtellerie dite des *Quatre-Deniers*, qu'on assigna pour livrée à Imbert de Puteo, ou de Ponzio, créé cardinal en 1327 par Jean XXII, lequel cardinal mourut le 26 mars 1348. En 1405, Pierre de Foix, cardinal de la créa-

tion de l'anti-pape Benoît XIII, et plus tard légat
d'Avignon, succéda dans cette livrée au cardinal
de Puteo. Nous n'avons aucun document qui nous
confirme que ce dernier ait donné son nom à la
rue, au moins pendant le temps qu'il l'habitait.
Mais il n'en a pas été ainsi de son successeur, et
le nom de rue du *Cardinal de Foix* ne cessa d'avoir
cours que lorsque Guillaume de Ricci eût fondé
dans cette même rue, le 14 septembre 1500, pour
dix écoliers, le Collége de la Croix. Ce collége fut
uni, le 17 janvier 1704, à la communauté cléricale,
aujourd'hui le Séminaire de Saint-Charles.

RUE DU COLLÉGE-DU-ROURE,

DE LA PLACE DE L'HÔTEL-DE-VILLE A CELLE DE LA PRÉFECTURE.

CETTE rue doit son nom à l'hôtel qui d'abord fut
la livrée de Gui de Malesec, dit le cardinal de Poitiers, que Grégoire XI avait revêtu de la pourpre
en 1375, et qui mourut le 8 des ides de mars 1412.
Cette livrée comprenait les hôtels actuels de la préfecture et de Baroncelli, qui étaient réunis par un
arceau.

En 1409, les Catalans qui occupaient le Palais
pour l'anti-pape, Pierre de Luna, sous le commandement de Rodéric, son neveu, ayant nécessairement compris l'église de Notre-Dame-des-
Doms dans l'ensemble de leur système de défense,
les malheureux chanoines, témoins de la profa-
nation de cette basilique, ne voulurent pas, en
se retirant, laisser exposée aux insultes de la sol-
datesque l'antique Vierge qu'on y vénérait depuis
tant de siècles : ils l'emportèrent solennellement le

22 décembre, nous dit Suarès, et la déposèrent
religieusement dans le palais du cardinal de Poitiers. Six ans plus tard, jour par jour, l'empereur Sigismond, à son retour du Concile de Constance, faisait à Avignon son entrée solennelle
aux flambeaux, sous un dais porté par les Consuls,
et venait loger dans ce même palais.

Le 1er Juillet 1469

~~En 1431~~, la moitié de ce palais a été acquise par
la noble et riche famille des Baroncelli; l'autre
fut achetée plus tard par le cardinal Julien du
Roure, neveu du pape Sixte IV, légat et premier
archevêque d'Avignon, qui y fonda, le 22 août
1496, le collège auquel il donna son nom.

Après qu'une bulle papale du 3 des ides de mai
1709, eut uni le Collège-du-Roure à celui de Saint-
Nicolas, le bâtiment qu'il occupait fut vendu aux
marquis de Forbin Sainte-Croix, qui le transmirent
par héritage aux marquis de Forbin des Issarts,
desquels le département de Vaucluse l'a acquis
pour l'affecter à la résidence de MM. les Préfets.

En 1787, M. de Baroncelli, marquis de Javon,
acheta une surface de terrain d'environ un mètre,
qu'il prit sur la maison où sont aujourd'hui les
ateliers de M. Petit, lithographe, et qui appartenait
alors à la dame Anselme, veuve Curade. Il réunit
cette surface à la voie publique, *afin que sa voiture
pût passer plus aisément.* La partie supérieure de
cette maison fut soutenue par une trompe, ou coquille, exécutée par un maçon nommé Gallet, qui
fit là son chef-d'œuvre. De là, cette portion de rue,
entre la place et l'hôtel de Baroncelli, avait pris le
nom de rue de la *Coquille*, qu'elle a perdu en 1843.

RUE DE LA COLOMBE,

CETTE rue, que les anciens actes appellent simultanément *Rue de la Colombe* et *de la Courrarie*, et *rue de la Colombe*, ou *de la Courrarie*, doit son nom à un très-ancien usage dont les archives des Célestins d'Avignon ne nous ont conservé qu'incomplètement la trace. Nous y voyons que le 18 mars 1608, les *bayles* de la confrérie de Saint-Michel et des âmes du purgatoire, à ce dûment autorisés par Mgr l'archevêque Bordini, transigèrent avec les PP. Célestins pour l'union à leur couvent des rentes et revenus desdites deux confréries, et qu'une ordonnance de l'archevêque, en date du 28 avril suivant, déchargea les susdits bayles *du port de la bannière, et de faire courir la Colombe.*

Pierre Thibault, chevalier de Saint-Jean-de-Latran, architecte-ingénieur de la Chambre Apostolique, au moins de 1725 à 1753, a fait bâtir, et habitait, dans la rue de la Colombe, la maison qui porte aujourd'hui le N° 25. Il la laissa à Étienne-Louis Ayme, son neveu, qui l'habitait déjà avant 1780. M. Jacques-François Ayme, son arrière-neveu, l'occupe aujourd'hui.

Presque en face, dans la maison N° 22, habitait, sous le Directoire, Thadée Leszezye Grabranka, illuminé, qui continua, au sein de la population avignonaise, les traditions de Dom Pernetti, et jouit d'une certaine célébrité dans cette ville, où il n'était bien connu que sous le nom de *Comte Polonais.*

RUE DES TROIS-COLOMBES,

DE LA RUE DE LA BANASTERIE A LA RUE DE LA CAMPANE.

CETTE rue suit la ligne de l'ancienne enceinte démolie en 1226 ; aussi s'appelait-elle primitivement la rue des *Lices*. Un acte de 1459 la désigne ainsi : *Rue des Lices , dite du Colombier, tendant du Portail des Infirmières à l'ancien Portail Aurose.* Était-ce un véritable colombier , ou une enseigne emblématique, qui motivait ce changement de nom ? C'est ce que nous ne saurions dire; mais un acte de 1549 l'appelle déjà la *Rue des trois Colombes (Carreria trium Columbarum.)*

La maison qui est à l'extrémité occidentale de cette rue, et dans laquelle se trouve depuis un an établi le siége de l'administration des Pompes funèbres , fut louée, au mois d'avril 1737, par M. le chevalier de Ramsay, qui y fonda une des premières loges maçonniques du rite écossais qui aient existé en France.

On sait que le but de ce gentilhomme était de faire servir la maçonnerie au rétablissement du catholicisme en Angleterre et à la restauration des Stuarts ; aussi la noblesse avignonaise et comtadine vint-elle en foule lui demander l'initiation. Il ne tarda pas à avoir des imitateurs qui, par la voie des sociétés secrètes , tendirent à un but moins orthodoxe, et Mgr de Crochans, archevêque d'Avignon , dut , au mois de juin 1743, publier un rigoureux mandement pour proscrire un certain *Ordre de la Félicité*.

Au levant de la maison dont on vient de parler, habitait, au commencement de ce siècle, André-

Dominique Frontin, qui remporta, le 13 Nivôse an IX, une des places d'instituteur primaire mises au concours pour la ville d'Avignon. Le 15 avril 1809, M. Puy annotait comme il suit l'état des instituteurs primaires, qu'en sa qualité de Maire, il transmettait au Ministre de l'Intérieur : *Frontin joint aux talents nécessaires à son emploi l'enthousiasme de sa profession et le désir de voir ses élèves surpasser ceux des autres écoles. Il est bien à sa place.* Comme le traitement de 600 francs qu'il recevait en qualité d'instituteur communal, était loin de suffire à son entretien et à celui de sa famille, il mit, dans le but d'accroître ses ressources, les deux écriteaux dont voici le texte sur la porte de sa maison :

Frontin, instituteur des écoles primaires,
Pour la saine instruction reçoit des pensionnaires;
Les leçons qu'il se propose de leur donner
Consistent en écriture, lecture, arithmétique et chiffrer.

Pour le public on écrit
A un très-modéré prix ;
On pourra même choisir
Le papier apte à fournir.

RUE CONDUIT-PERROT,

DE LA RUE DE LA CARRETERIE AU REMPART SAINT-LAZARE.

Ce nom est la consécration donnée officiellement, en 1843, à l'appellation vulgaire d'une rue qui aboutit à un égout dont un cultivateur nommé Perrot avait eu pendant longtemps la ferme.

RUE DU COQ,

DE LA RUE GALGRENIER A LA RUE LAGNE.

C'est un nom assez ancien tiré d'une enseigne d'auberge : *Domus in Parrochia Sancti Desiderii et in carreria Galli*, dit un acte de 1547.

RUE CORDERIE,

DE LA RUE SAUNERIE A CELLE DE L'ARC-DE-L'AGNEAU.

Avant la nomenclature adoptée en 1843 , la partie de cette rue comprise entre la rue *Saint-Pierre* et la rue de l'*Arc-de-l'Agneau*, s'appelait la rue de la *Broquerie* , mot provençal qui signifie *Boissellerie*. La rue de la *Broquerie* et celle de la *Corderie* devaient chacune son nom à la spécialité des marchandises qui s'y vendaient au moyen-âge. Après avoir acheté un seau dans la première, on achetait, dans la seconde, la corde nécessaire pour le descendre dans le puits. C'était naturel.

RUE CORNEILLE,

DE LA PLACE DE L'HÔTEL-DE-VILLE A LA RUE RACINE.

Cette rue, nouvellement percée, doit au voisinage de la salle des spectacles, où les œuvres du grand tragique n'ont été d'ailleurs que bien rarement représentées, le nom qu'on lui a donné dans le travail général fait en 1843.

Les rues qui environnent le théâtre auraient dû plutôt, selon nous , rappeler les noms de quelques-uns des artistes et compositeurs célèbres qui ont vu le jour à Avignon, comme Mouret , Champein , Persuis, Trial et M⁻ᵉ Favart.

RUE CORNUE,

Jusqu'a l'année 1845, cette rue n'avait pas eu de dénomination fixe; celle qu'on lui a choisie à cette époque ne nous paraît pas très-heureuse. Elle est la conséquence du système qui a dicté les noms déjà cités de *Balai*, *Brouette* et *Charrue*. Au moins eût-il fallu, pour être entièrement conséquent, abandonner entièrement le mot provençal, et dire *rue Benne*.

Vers la place de la Pyramide était, avant 1792, un établissement considérable pour l'ancien Avignon. Il eût signalé la rue en question plus utilement et plus logiquement que le nom qu'on lui a donné: nous voulons parler de la maison du corps des taffetassiers, qu'on appelait aussi *le petit hôtel-de-ville*, à cause de l'influence que ce corps exerçait sur le reste de la population ouvrière de la cité, soit par le nombre, soit par l'activité remuante de ses membres. On disait communément que le corps des taffetassiers avait la tête à l'Hôtel-de-ville et les pieds à l'Aumône : il n'était pas rare, en effet, de voir un taffetassier, devenu fabricant, faire partie du consulat, tandis qu'une foule d'autres, perclus par l'âge, demandaient instamment une place dans l'asile de la misère.

PLACE DES CORPS-SAINTS,

Cette place avait été d'abord simplement nommée du *Corps-Saint*, parce que les restes de Saint-Pierre-de-Luxembourg, cardinal, mort le 2 juillet

1387, avaient été inhumés dans le cimetière public de Saint-Michel, sur l'emplacement duquel s'éleva bientôt le somptueux monastère des Célestins. En 1843, on remarqua que les restes de Saint Bénézet ayant été transportés et inhumés dans le même monastère le 26 mars 1674, c'eût été *Place des Corps-Saints* qu'il eût fallu dire, et l'on s'empressa de rectifier ce nom, lorsque depuis trop longtemps le vent des révolutions avait également dispersé les reliques de Saint Pierre-de-Luxembourg et celles de Saint Bénézet.

A l'entrée de la place des *Corps-Saints* était la porte de l'ancienne enceinte de 1226, dite du *Pont-rompu* (*Pontis fracti*), et quelquefois de *Rome*. Tout près de là existait, avant 1210, un hôpital qui tenait de ce voisinage le nom d'*hôpital de la bienheureuse Marie-du-Pont-Rompu*. Le pont qui faisait communiquer la rue des *Trois-Faucons* avec la place des *Corps-Saints*, était très-étroit; la ville le fit élargir en 1738, en y ajoutant tout l'espace qu'occupait sur la Sorgue la maison qu'elle avait acquise d'un nommé Blanc.

Le parc des Célestins était séparé des bâtiments de leur monastère par une rue qui, de la place des *Corps-Saints*, allait aboutir en face de la tour des *Arbalétriers*. Les moines, qui ne pouvaient aller s'y promener qu'en passant par un arceau, tentèrent souvent d'usurper cette partie de la voie publique. Ils crurent y avoir réussi en 1689, lorsque, profitant des premiers moments de la prise de possession d'Avignon par le roi de France, ils surprirent au premier président du Parlement de Provence une ordonnance qui les autorisait à la fermer. Mais, sur les réclamations qui furent faites, ils durent la rouvrir le 12 mars 1699, et de cet incident, cette voie publique conserva le nom de rue *Courte-Joie.*

La rue *Courte-Joie* disparut définitivement lorsque les nécessités de la guerre mirent l'Administration centrale du Département dans l'obligation de réunir, par son arrêté du 5 Thermidor an 2, le couvent des Célestins à l'hôpital militaire, auquel étaient déjà affectés les bâtiments de l'ancien monastère des Dames-de-Saint-Louis.

RUE COURTE-LIMAS,

DE LA RUE DU LIMAS AU REMPART DU RHÔNE.

Avant 1843, ce bout de rue ne portait aucun nom ; on a emprunté à la rue voisine sa désignation actuelle.

RUE CRÉMADE,

DE LA RUE DES INFIRMIÈRES AU REMPART SAINT-LAZARE.

L'adjectif féminin *brûlée* est la traduction exacte du mot provençal *cremado*. On peut en induire que cette rue dut son nom à un incendie qui y fit anciennement quelques ravages. Nous disons anciennement, parce que le terrier du Chapitre métropolitain, rédigé en 1487, dit déjà *Carreria Cremate.*

RUE PETITE-CRÉMADE,

DE LA RUE CRÉMADE A CELLE DE L'AMOUYER.

Cette rue, demeurée jusque là sans dénomination aucune, fut ainsi appelée en 1843, à cause du voisinage de celle dont on vient de parler.

PLACE CRILLON,

DE LA RUE DE LA CALADE A LA PORTE DE L'OULLE.

AVANT 1843, cette place s'appelait la place de *l'Oulle*. On l'appelait aussi, à cause de la salle des spectacles qui s'y trouvait située, la place de la *Comédie*. C'était, au XIV° siècle et au XV°, la place du *Limas*. (*Voir la Notice sur les anciens remparts insérée dans l'Annuaire de* 1850.)

RUE DE LA CROIX,

DE LA RUE DES ENCANS AU PORTAIL-MATHERON.

CETTE rue doit son nom, qui est très-ancien, à une chapelle dédiée à la Sainte-Croix. Cette chapelle a été par la suite englobée dans les constructions de la maison que fit bâtir, au siècle dernier, M. de Teste, bulliste de la Légation d'Avignon. Nous dirons un jour à quel acte de sordide avarice nous avons dû la perte des archives de cet office.

Une aumône avait été fondée dans cette rue par un bourgeois du nom d'Antoine Peyret, suivant son testament du 14 octobre 1582. Après environ un siècle et demi d'existence, elle fut réunie à l'OEuvre de l'Aumône générale, en vertu de deux édits du roi de France, datés du mois de mars et du mois de décembre 1769.

RUE DU CRUCIFIX,

DE LA RUE DU PETIT-PARADIS A LA RUE PÉTRAMALE.

CETTE rue est ainsi appelée d'un petit oratoire ménagé dans la muraille de l'ancienne Aumône.

RUE DAMETTE,

DE LA RUE DU PORTAIL-MAGNANEN A LA RUE DU COQ.

En 1843, une portion de cette rue n'avait aucun nom déterminé; l'autre portion avait probablement retenu de quelque particulier le nom de *Grenier.* On ne fit à cette époque qu'une seule rue, et on lui donna le nom qui sert de titre à cet article. Nous renvoyons aux commissaires qui élaborèrent ce travail, pour avoir l'explication de ce mot et les motifs qui l'ont fait adopter.

RUE DU DIABLE,

DE LA RUE DES INFIRMIÈRES AU REMPART SAINT-LAZARE.

La partie de cette rue qui se trouve la plus voisine du rempart se nommait, à cause de la nature de quelque haie vive qui clôturait un héritage, rue du *Sambuc* (*Carreria Sambuci* 1446, 1541.) L'autre portion, jusqu'à la rue des *Infirmières,* s'appelait la rue du *Diable.* Ce nom lui venait de la figure de monstre que les charpentiers avaient taillée dans l'extrémité saillante sur la voie publique des poutres faîtières de la maison qui forme le le coin à gauche, en sortant de cette rue sur celle des *Infirmières.* Un des propriétaires de cette maison fit mutiler le Diable et placer une Vierge dans une petite niche située un peu plus bas. Il n'en demeura pas moins à la rue du *Diable*; et, comme nous venons de le dire, les édiles de 1843 étendirent jusqu'au rempart cette flatteuse dénomination, qui, jusqu'à eux, n'avait compris que la moitié de la rue.

RUE DE SAINT-DOMINIQUE,

DE LA RUE CALADE A LA PORTE SAINT-DOMINIQUE.

CETTE rue a été percée, en 1837, à travers les bâtiments et les dépendances de l'ancien couvent des Dominicains, d'où il eût été plus naturel de l'appeler rue des *Dominicains*. C'est dans l'église des Dominicains que le Pape Jean XXII canonisa, le 18 juillet 1323, en présence du roi Robert de Sicile, Saint Thomas d'Aquin, surnommé par les théologiens *le Docteur angélique*. Saint Vincent Ferrier, confesseur de Benoît XIII, commença dans cette même église, en 1397, la carrière apostolique qu'il a si bien remplie ; d'où nous serions d'avis qu'on appelât du nom de ces deux Saints les rues transversales de la rue *St-Dominique*.

RUE DORÉE,

DE LA PLACE DE LA PRÉFECTURE A LA RUE DES ORTOLANS.

AVANT le XIVe siècle, cette rue était souvent confondue avec celle des *Ortolans*. Elle prit ensuite le nom de rue de *Sade*, ou de *Hugues de Sade*, parce que ce gentilhomme faisait sa résidence dans la maison actuelle des écoles publiques. Cette maison ayant passé aux Gadagne, la rue prit ce nouveau nom. *Rue anciennement de Sado*, dit un acte de 1500 ; *Rue de Gadaine*, *qu'on soulait appeller de Hugues de Sadone*, dit un autre acte de 1576.

Plus tard, on fit pratiquer sur la façade de cette maison une niche dont la pierre était dorée, et probablement aussi la statue qu'on y mit ; d'où il paraît que la rue a pris le nom qu'elle a conservé

jusqu'à ce jour. *Rue appelée Hugueti, sive de Sadone, et maintenant Dorée*, lisons-nous dans un
document de l'année 1626.

Cette maison appartenait, en 1766, à M. de Quin-
son, qui la vendit, cette année-là, aux Frères des
Écoles chrétiennes. Un arrêté de l'Administration
du district d'Avignon en date du 28 Messidor an
II, y transféra la gendarmerie, qui était auparavant
casernée aux Célestins, et qu'on mit ensuite à
St-Martial. Le Domaine la céda, en l'an X, à la ville
pour y établir une école centrale. Celle-ci en fit
l'abandon au Ministère des cultes, qui y plaça le
Séminaire diocésain. En 1824, les Invalides ayant
évacué les bâtiments Saint-Charles, le grand Séminaire alla s'y installer, et la ville rentra en possession du bâtiment qu'il venait d'évacuer, comme
une bien insuffisante compensation des droits
qu'elle avait sur les bâtiments délaissés par le ministère de la guerre.

L'ancien palais de Sade est actuellement occupé
par les écoles de dessin d'imitation et d'architecture, entretenues par la ville; par les écoles primaires des Frères des Écoles chrétiennes, par le
temple protestant et par l'école des enfants de ce
culte.

RUE DES ENCANS,

DE LA RUE DE LA SAUNERIE A LA RUE SAINTE-CATHERINE.

Avant 1843, la partie de cette rue comprise
entre la *Grande* et la *Petite-Saunerie*, s'appelait la
rue de la *Fromagerie*, et, à l'autre extrémité, la
partie comprise entre la rue de la *Croix* et la rue
de *Sainte-Catherine*, s'appelait la rue *Oignon*. Ces

deux noms, dont l'ancienneté remonte au moins
au XIV⁰ siècle, constatent que les marchés au fromage et aux oignons se sont tenus là pendant deux
ou trois siècles. Nous devons observer que la place
des *Encans* était à l'extrémité méridionale de la
Fromagerie, et en tête de la *Grande-Saunerie*, devant la maison actuelle de M. Duvernet, marchand de cuirs, et que la rue proprement dite
des *Encans* n'a pas toujours porté ce nom. On l'a
appelée rue de *Saint-Symphorien*, rue de la *Sacristie de Saint-Symphorien*, et rue du *Cimetière de
Saint-Symphorien*, parce que cette collégiale avait,
au couchant de cette rue, son cloître, sa sacristie et son cimetière. Des actes du XV⁰ siècle et du
XVI⁰ l'appellent aussi la rue du *Marché-des-Ra-
bes* (*Carreria Mercati rapparum ante Cimiterium
Sancti Symphoriani.*) La rue *Oignon* est toujours
signalée dans les actes sous le nom de rue du
Marchés des Oignons (*des cèbes.*) Ce marché s'étendait dans la rue de *Sainte-Catherine* jusqu'à la
rue de *Sainte-Perpétue*, d'un côté ; et de l'autre,
jusqu'à celle de la *Banasterie*.

ESCALIER DE SAINTE-ANNE,

DE LA RUE DE LA BANASTERIE AU ROCHER-DES-DOMS.

CET escalier est ainsi nommé de la chapelle,
aujourd'hui détruite, à laquelle il aboutissait. On
ne connaît pas l'époque de sa construction première, mais il fut entièrement reconstruit sous
la conduite de l'architecte Péru, et achevé au
mois d'avril 1767. Dans les fouilles qui furent
faites pour établir ses plus hautes marches dans
le voisinage de l'Ermitage, on trouva, parmi

d'autres antiquités, une médaille en bronze , de Néron. Toute la partie supérieure de cet escalier a été remaniée et modifiée en 1846.

La chapelle de Sainte-Anne, démolie en 1792, était très-ancienne, puisque, d'après les recherches de l'abbé de Massillian , elle existait déjà en l'année 1096.

La portion de rue qui, laissant à droite l'*escalier de Sainte-Anne*, allait aboutir, dans la cour du Palais, sous la tour *Trouillas*, se nommait, sans doute à cause de ce voisinage , la rue de *Trouillas: Carreria Trulhacii tendente de turre Trulhacii ad domum libratæ Valentinensis ,* dit un acte de 1470.

ESCALIER DU ROCHER-DES-DOMS ,

DU QUAI DU RHÔNE AU TROU-DES-MASQUES.

CONSTRUCTION contemporaine.

RUE ÉTROITE ,

DE LA RUE GALANTE A LA RUE BANCASSE.

PETITE rue très-sale et très-étroite, dont le nom, emprunté à son état , ne date que du travail général fait en 1843.

RUE DES ÉTUDES ,

DE LA RUE DES TROIS-FAUCONS A LA RUE PÉTRAMALE.

UNE Académie de Droit, dans laquelle Pierre de Belleperche, entre autres, avait enseigné avec un brillant succès, fut en 1303 érigée en Université par le Pape Boniface VIII. Elle eut , dès le moment de sa fondation, trois Facultés, savoir : *Droit*

Canon, *Droit Civil* et *Médecine*. Une Faculté de *Théologie* y fut ajoutée en 1413 par le Pape Jean XXIII. On ne sait au juste en quel endroit se firent d'abord les divers cours de chacune de ces Facultés : on sait seulement que la Faculté de Droit avait ses écoles dans certaines dépendances du collége de Saint-Martial, situées au-delà de la rue qui le limitait au couchant, et qui en a retenu le nom de *Vieux-Études*, qu'elle porte encore aujourd'hui.

Vers 1420, les cours de la Faculté de Droit furent transférés dans une maison de la paroisse de St-Didier, que l'Université avait achetée de Gardinus de Garsone, à laquelle fut jointe une cour que le Chapitre de Notre-Dame-des-Doms avait dans le voisinage. L'Université acheta, vingt ans plus tard, la maison située en face de celle-ci, maison qui appartenait à Bernardon de Pamiers, et y transféra une partie des écoles.

L'influence de l'Université d'Avignon fut assez grande pour que les Conciles de Constance, de Bâle et de Ferrare, la fissent prier d'envoyer ses députés dans leur sein. Elle vit autour de ses chaires un si grand concours d'étudiants, qu'il fut fondé jusqu'à dix colléges pour loger et nourrir les plus pauvres d'entre ceux qui accouraient du dehors. Beaucoup de ces jeunes gens n'étaient pas doués du calme et de la raison nécessaires pour résister aux entraînements des plaisirs qui s'offraient naturellement à eux dans une ville populeuse, comme Avignon l'était alors ; et comme après des études incomplètes ou négligées, notre Université ne leur aurait conféré aucun grade, ils allaient les prendre au dehors, ou les obtenaient de personnages qui tenaient de leur position le

privilége d'en conférer. Les mesures ci-après re-
latées furent prises successivement dans l'inten-
tion de remédier à ces abus.

8 des ides de juillet 1497. Lettres du cardinal
Julien de la Rovère, légat d'Avignon, ordonnant
que personne ne soit reçu dans les colléges de cette
ville, s'il ne s'oblige auparavant, entre les mains
des Recteurs desdits colléges, à ne recevoir des
grades d'aucune autre Université que de celle d'A-
vignon. (*Bullaire d'Avignon*, *Const*. 61, *p*. 72.)

13 février 1514. Léon X, sur les représenta-
tions du Primicier, qui se plaignait que les collégiés des *dix colléges*, tant des réguliers que des
séculiers, fondés en l'Université d'Avignon, se li-
vraient à toutes sortes de débauches au lieu d'assister aux études, ordonne que les écoliers qui
manqueront aux leçons, soit du matin, soit de
l'après-midi, seront privés des aliments de tout ce
jour. (*Ibid. Const.* 62, *p*. 73.)

31 Mars 1514. Bulle d'Alexandre VI, qui défend
aux collégiés des colléges d'Avignon de prendre
leurs grades hors de l'Université de cette ville.
(*Ibid. Const.* 63, *p*. 75.)

20 septembre 1531. Bulle de Clément VII portant révocation des priviléges accordés aux Comtes
Palatins, Cardinaux, même Légats, *quant au pouvoir de conférer des grades* dans la ville d'Avignon
et son diocèse, et dans le Comté Vénaissin. (*Ibid.
Const.* 76.)

Entre autres beaux priviléges dont jouissaient
les docteurs, écoliers et suppôts de l'Université
d'Avignon, ils étaient exempts des charges et
des tailles de la ville ; ils ne relevaient que de la
juridiction du Primicier, et l'exercice de cette

charge, de même que le doctorat conféré successivement de père en fils pendant trois générations,
valaient titre primordial de noblesse.

Tous ces priviléges ayant été généralement con-
firmés par Benoît XIV le 9 janvier 1746, l'Université reconnaissante fit mettre dans la salle de la
Faculté de Droit un buste du Souverain-Pontife
avec l'inscription suivante :

BENEDICTO XIV
P. O. M.
SCIENTIARUM PARENTI,
OB
RESTITUTA ET ASSERTA
ACADEMIÆ JURA
PP. POS.
ANNO M DCC XLVI 5° IDUS JANUARII
PRIMICERIO
NOB. JOSEPHO DE BARTHELEMY.

RUE DES VIEILLES-ÉTUDES,

DE LA RUE CALADE AU REMPART SAINT-ROCH.

Nous n'avons rien à ajouter à ce qui a été dit
au commencement de l'article précédent sur l'o-
rigine du nom de cette rue. Si, pour éviter toute
espèce de confusion avec celle dont nous venons
de parler, on se décidait à changer le nom de
celle-ci, nous proposerions de l'appeler rue *Saint-
Louis*, à cause de la maison occupée depuis 1852
par l'hospice des indigents, qui, en remontant le
cours des âges, a été hôtel des Invalides, hôpital militaire, monastère des Dominicaines et
Noviciat des Jésuites.

RUE FER-A-CHEVAL,

TENANT ET ABOUTISSANT A LA RUE CARRETERIE.

CETTE rue a été ainsi appelée en 1843. Sa dénomination, puisée dans la forme qu'elle décrit, avertit celui qui s'y engage, qu'en la parcourant, il n'arrivera pas ailleurs que dans la rue où il se trouve déjà.

RUE FERRUCE,

DU PUITS-DE-LA-REILLE A LA PORTE DU RHÔNE.

AVANT qu'on eût ainsi, dans la nomenclature de 1843, tronqué le nom de cette rue, qu'on appelait auparavant la rue de la *Porte-Ferruce*, il ne pouvait y avoir de doute sur l'ancien état de choses dont elle tirait son nom.

La porte *Ferruce*, en latin *Porta Ferrussia*, était adossée au Rocher en face du Rhône. Les arcs qui la formaient n'ont été démolis qu'en 1751. Les actes de la Vie de Saint Bénézet rapportent qu'en 1177, ce saint berger, passant par la *Porte-Ferruce*, y trouva des joueurs qui juraient par le nom de Dieu, et qu'après les avoir vivement repris, il dérangea leur jeu avec son bâton (*interfecit ludum.*) Un de ceux-ci, outré de colère, appliqua un soufflet au Saint; mais Dieu le punit tout aussitôt en permettant que sa tête fût tournée en sens inverse, de façon que son visage correspondît à son dos. Après avoir montré un repentir sincère, il obtint sa guérison par l'intercession de Saint-Bénézet.

RUE FIGUIÈRE,

DE LA RUE DE LA BANCASSE A LA RUE GALANTE.

On a cru, probablement à tort, que cette rue avait emprunté son nom à quelqu'un de ces *figuiers* sauvages qui, sous notre latitude, végètent si vigoureusement dans les vieilles ruines. Cette opinion est justifiée jusqu'à un certain point par la désignation de rue du *Four-de-la-Figuière*, que nous trouvons, à la date de 1500, dans les registres des reconnaissances passées au profit du Chapitre de Notre-Dame-des-Doms.

Nous préférons de beaucoup l'opinion qui attribue à cette rue le nom d'une famille avignonaise qui a joué, au XIIIᵉ siècle, un rôle important. En 1215, Guillaume Figuière était consul d'Avignon. La bibliothèque de Lacroix du Maine mentionne : 1° Guillaume Figuiera, citadin d'Avignon, grand historien, auteur de plusieurs histoires et autres belles œuvres, tant en latin qu'en langue provençale, qui florissait en 1270 ; 2° Guillaume Figuiera, gentilhomme, natif d'Avignon, surnommé de son temps *le Satyrique*, auteur du *Fléau mortel des tyrans*, etc. et de plusieurs chansons à la louange d'une dame avignonaise de la maison des Matheron, lequel florissait aussi en 1270. En 1296, les Frères du Pont-Saint-Bénézet se firent autoriser à céder une maison avec un jardin à Pierre Figuière, citoyen d'Avignon. En 1764, il existait encore à Avignon une dame, nommée Delphine-André, qui était veuve de Guillaume Figuière, et aux droits des hoirs de Pierre Figuière.

En face de la rue *Figuière*, longeant le mur

septentrional de l'église de Saint-Didier, se trouve
un étroit espace de terrain qui a eu anciennement
le triste privilége de servir à l'inhumation des
exécuteurs des hautes-œuvres, d'où l'on appelle
quelquefois cette portion de la rue *Figuière*, la *rue
du Cimetière du bourreau.*

RUE FLORENCE,

DE LA RUE DU VIEUX-SEXTIER A LA RUE DE SAINT-JEAN-
LE-VIEUX.

Voir rue *Saint-Jean-le-Vieux.*

RUE FONDERIE,

DE LA RUE DE LA BALANCE A CELLE DES GROTTES.

L'ART de la fonderie est très-ancien à Avignon :
les comptes d'Anglicus Grimoard, évêque de cette
ville, nous font connaître un Aymonet, maître
fondeur avignonais (*factor campanarum*), qui fon-
dit, en 1365, une cloche pour le service de l'évêché. Le prix en fut calculé à raison de six sous par
livre de métal. L'histoire d'Arles, par Lalauzière,
nous signale un Laurent Vincent, fondeur d'Avignon, qui jeta en fonte, en 1555, une statue de Mars,
haute de 7 pans, sans piédestal, et pesant 12 quin-
taux 22 livres. Les Consuls d'Arles achetèrent cette
statue au prix de 8 sous tournois la livre, et la
placèrent sur la coupole de la tour de l'horloge de
leur cité. En 1602, les ateliers d'un maître fondeur nommé Jean Berenguier, occupaient dans la
rue de la *Monnaie* une partie de l'ancienne maison
de l'Officialité.

La rue *Fonderie* a dû son nom à Jérôme Alibert,

4

fondeur de cloches, qui y demeurait en 1757. Sa maison confrontait, du nord, celle d'un armurier nommé Blanc, et il y avait, au-delà d'une seconde maison, la maison des hoirs d'un autre fondeur nommé Penet.

(*Voir le terrier moderne du Chap. de St-Didier*, *fol.* 60.)

RUE DE LA FORÊT,

DE LA RUE DE LAFARE A LA RUE DE LA BANASTERIE.

Ce nom nous paraît être la consécration d'un séjour assez court qu'a dû faire à Avignon Pierre de la Forêt, archevêque de Rouen et chancelier de France, que le Pape Innocent VI créa cardinal le 23 décembre 1356. Il pourrait venir aussi des oseraies qui, comme nous l'avons déjà dit en parlant de la rue de la *Banasterie*, bordaient, dans ce quartier, la Sorguette et le Rhône.

RUE DU FOUR,

DE LA RUE DE LA BANASTERIE A LA RUE DE STE-CATHERINE.

On a vu, par ce que nous avons dit au sujet de la rue *Bertrand*, quelle est l'origine du nom de la rue du *Four*. Quelques actes l'ont appelée, au dernier siècle, la rue de *Galiens*, et plus récemment, de *Janson*, du nom des propriétaires de l'hôtel où siége actuellement l'administration des télégraphes.

RUE DES FOURBISSEURS,

DE LA RUE DES MARCHANDS A LA PLACE ST-DIDIER.

Avant 1843, la partie de cette rue comprise entre la rue des *Marchands* et la rue du *Vieux-Sextier* portait le nom de rue *Pelisserie;* la partie qui vient ensuite entre la rue du *Vieux-Sextier* et la rue de la *Bonneterie,*s'appelait la rue des *Coffres.* La rue proprement dite des *Fourbisseurs,* comprenait depuis la *Bonneterie* jusqu'à la maison actuelle de M. Combette, pâtissier ; le reste de la rue jusqu'à la place Saint-Didier s'appelait *du Sauvage.*Ce dernier nom venait d'une enseigne d'hôtellerie ; les trois autres, de la spécialité des marchandises qu'on trouvait plus particulièrement à acheter dans ces rues. La *Pelisserie* avait été plus anciennement la *Sabbaterie* (*Carreria recta Sabbaterie antique nunc dicta Pelliparie* , 1255.) On l'appelait aussi au dernier siècle *la Croneterie.* La rue des *Fourbisseurs* était dite aussi des *Espasiers* et de *Notre-Dame-d'Espérance.* Ce dernier nom lui venait du vocable d'une chapelle adossée à l'ancienne église de Notre-Dame-la-Principale.

Cette chapelle avait été élevée en 1367 sur les ruines d'une maison entièrement détruite par un incendie. L'histoire de l'Église d'Avignon raconte qu'en 1373, un joueur, sortant, après la perte de tout son argent , d'une taverne en face de cette chapelle , ramassa une pierre et la jeta en blasphémant contre l'image de la Sainte Vierge. Dieu permit qu'il sortît une grande abondance de sang de l'endroit du tableau où la pierre avait frappé , et ce misérable fut en même temps puni comme l'avait été celui qui , deux siècles auparavant, avait osé porter une main sacrilége sur le visage de Saint Bénézet. (*Nouguier, p.* 166.)

Le marché des cuirs s'est tenu anciennement dans les rues qui environnaient l'église de Notre-Dame-la-Principale. Par suite de démêlés survenus

4.

entre les marchands et les courtisans qui les mo-
lestaient à cause de leurs étalages sur la voie publique, le Maréchal de la Cour Romaine, d'accord
en cela avec le Viguier d'Avignon, transféra ce
marché à la rue de la *Carreterie* et sur la place
des *Carmes*. Ils firent, le 23 janvier 1371, un règlement pour la tenue de ce marché. Nous avons
dit plus haut qu'au siècle suivant, le marché aux
cuirs avait été établi à la *Bonneterie.*

RUE DU FOUR-DE-LA-TERRE,

DE LA PLACE DE LA PIGNOTTE A LA RUE DE LA BONNETERIE.

Le nom de cette rue, tiré très-probablement de
l'existence d'un four à poterie, remonte à une époque très-reculée. Des actes de la seconde moitié du
XVI° siècle, donnent à cette rue le nom de *Nébresse,*
concurremment avec celui qu'elle portait : *Rue de
Nébresse*, *ou du Four-de-la-terre*, *Paroisse Saint-
Genêt*, disent-ils. Au XVI° siècle, nous trouvons
plusieurs fois cette leçon : *Carreria Furni terre,
sive de la Brosse.* La *Brosse* nous paraît ici une corruption de *Nébresse*, qui était apparemment un
nom propre.

RUE FRANCHE,

DE LA RUE ST-CHRISTOPHE A CELLE DU BON-PASTEUR.

Il est de tradition que cette rue doit son nom
à ce que la peste n'y fit aucune victime. Avignon
a été tant de fois ravagé par la peste, qu'on pourrait demander à quelle époque éclata celle qui a
respecté les habitants de la rue *Franche*. Si le nom
était moderne, nous citerions la dernière peste, qui

remonte déjà à 1721-22; mais un acte de 1525 dit déjà *Carreria Franca*. Les anciennes reconnaissances de la Commanderie de Saint-Jean d'Avignon, désignent la rue *Franche* sous le nom de rue des *Bourgades de Saint-Jean*. Le 17 septembre 1723, le Chapitre de Saint-Genêt acheta dans cette rue un jardin dont il fit le cimetière de la Paroisse.

RUE PETITE-FRANCHE,

DE BOURG-NEUF A LA RUE FRANCHE.

CE nom, emprunté à la rue qui précède, fut donné à celle-ci en 1843.

RUE FROMAGEON,

DE LA PLACE DE L'HÔTEL-DE-VILLE A LA RUE SABOLY.

CE nom vient de ce qu'au moyen-âge, le marché aux *fromageons* se tenait dans cette rue. Des actes la désignent comme le chemin le plus direct pour aller de la Place de l'Hôtel-de-Ville à Saint-Pierre : *Carreria tendente de Platea sive Macello ad Sanctum Petrum*, 1467, dit le terrier de Saint-Agricol. Les contemporains l'appellent de préférence la rue de la *Poulasserie*, parce qu'en dernier lieu, les marchands de volaille s'y étaient groupés.

RUE GRANDE-FUSTERIE,

DE LA RUE ST-ÉTIENNE A LA RUE DU PONT.

LA place de l'*Oulle*, le *Limas*, la *Grande-Fusterie*, la *Petite-Fusterie* et une partie de la *Calade*, étaient, dans le douzième siècle et le treizième, un immense banc de gravier sur lequel s'arrêtaient les trains de bois de construction. Les charpentiers, ou *Fustiers*, comme on les appelait en ce temps-là, y établirent d'abord leurs chantiers et bientôt après leurs habitations. Ils ne tardèrent pas à former une corporation puissante, qui avait une aumône, une chapelle dans l'église de Saint-Agricol et une autre chapelle en tête de la *Petite-Fusterie*, à l'angle de la maison d'Anglésy.

La portion de la rue *Saint-Étienne* qui conduit d'une *Fusterie* à l'autre, s'appelait du nom de *Fusterie moyenne*, ou *médiane*, comme le prouve ce passage du livre des lods du Chapitre de Saint-Agricol : *Domus in Fustaria magna et mejana faciens cantonum*, 1505.

Le massif de maisons compris entre la rue *Chiron* et la rue *Saint-Étienne* a été occupé, dans le XIV° siècle et le XV°, par un immense palais que la tradition populaire dit avoir été habité par la Reine Jeanne de Naples. Le plus grand nombre des maisons démembrées de ce palais appartenait, en 1559, à un gentilhomme nommé François de Forli.

Il existait dans la *Grande-Fusterie* un Jeu-de-Paume tenu, en 1520, par un barbier nommé Arnaud Lineti, et avant lui, par un porteur, du nom de Pelegrin Tornier. Il y avait également un tir à l'arbalète, qui, en 1519, était annexé à une hôtellerie dite de Notre-Dame, située un peu au-dessus de la maison actuelle de M. Reynard-l'Espinasse.

RUE PETITE-FUSTERIE,

DE LA RUE ST-AGRICOL A LA RUE ST-ÉTIENNE.

Le nom de cette rue a la même origine que celui de la précédente. Les anciens documents appellent celle-ci : *Fustaria minor*, 1281; *Fustaria nova* 1364; *Parva Fustaria*, 1370.

Nous avons dit ailleurs que le duc d'Épernon la fit dépaver en 1587, pour se donner le plaisir d'y courir la bague avec les gentilshommes de la ville. C'est au midi de cette rue, devant l'église de Saint-Agricol, qu'on faisait escalader annuellement, le 2 septembre, un mât surmonté d'une cage dans laquelle on avait enfermé des oisons. Ils simulaient les cigognes que Saint Agricol avait miraculeusement fait venir, et ensuite congédiées, suivant les convenances des habitants d'Avignon. Cet usage, qui avait pris son origine dans la naïve piété des anciens, ayant dégénéré en scandale, fut supprimé par une ordonnance de l'Archevêque datée du 29 mai 1738.

Il y avait, vers le milieu de cette rue, le collége des Cisterciens de Sénanque, fondé en 1491 par l'abbé Jean Casaleti.

RUE GALANTE,

DE LA PLACE DU CHANGE A CELLE DE ST-DIDIER.

La partie inférieure de cette rue, depuis celle de *Saint-Antoine* jusqu'à la place de *Saint-Didier*, portait anciennement le nom de rue de la *Sarraillerie*, sans doute à cause de la demeure qu'y faisaient les *serruriers*. L'industrie pratiquée dans la

partie élevée de la même rue n'avait rien d'analogue : on y fabriquait les couronnes et les guirlandes de fleurs artificielles, et on l'appelait, du provençal *Garlanda*, la rue *de la Garlanderie*, d'où
on a fait par corruption la rue *de la Galanterie*,
la rue *Galante*.

La maison qui se trouve au point de jonction
de la rue des *Anes* avec la rue *Galante*, du côté du
midi, était, en 1321, la livrée du cardinal du titre de Sainte-Potentiane. Un peu au-dessus est
une maison dont la façade, délicieusement sculptée, n'a été encore gâtée qu'au rez-de-chaussée.
Elle a été bâtie, vers 1760, par un peintre estimé
du dernier siècle, nommé Jean-François Palasse.
C'est à lui que le corps des maîtres-imprimeurs
d'Avignon commanda le tableau de Saint-Jean-
Porte-Latine, qu'on voit encore dans l'église de
Saint-Didier.

RUE DU GAL,

DE LA RUE DE LA BANASTERIE A CELLE DES ENCANS.

CETTE rue, longée au midi par le cimetière de la
paroisse de Saint-Symphorien, qui servait parfois
à la désigner, doit son nom au *Coq*, en latin
Gallus, et *Gau* en provençal, qui servait d'enseigne à une hôtellerie existant alors dans la maison
patrimoniale de MM. Poncet. Cette hôtellerie empruntait une très-grande importance de sa situa-
tion au centre des quartiers commerçants. (Voir
ce qui a été dit au sujet de la rue des *Encans*.)

RUE GAL-GRENIER,

DE LA PLACE DES CORPS-SAINTS A LA RUE LAGNES.

Carreria de Gallo, alias Pontis fracti, 1439. — *Rue du Gal*, 1386, 1414, 1448, 1455, 1497, 1547, 1596 et 1613. — *Rue du Gal et Porte Antique de Saint-Michel*, 1540. — *Rue du Gal-des-Greniers*, 1526. *Rue du Gal-des-Greniers*, 1526. Telles sont les différentes versions du nom de cette rue, qu'on trouve dans les anciens documents. Elle touchait, en effet, à la porte du *Pont-Fract*, par laquelle on allait de l'ancienne ville à la place des *Corps-Saints*. Son nom lui vient d'une hôtellerie à l'enseigne du coq, que l'on distinguait de celle qui caractérisait la rue du *Gal*, en observant que les *Grainiers*, ou *Graine-tiers*, la fréquentaient de préférence.

RUE GELINE,

DE LA PLACE DE L'HÔTEL-DE-VILLE A LA PETITE-FUSTERIE.

Dès le XIVᵉ siècle, cette rue était dite de *la Galine*. C'est là un mot provençal qui se traduit en français par *poule*. Une des maisons de cette rue devait ce nom à l'enseigne qu'elle portait, ou à quelque sculpture représentant cet oiseau domestique. La maison de la *Galine* fut achetée dans le XVᵉ siècle pour l'agrandissement de l'Hôtel-de-Ville.

RUE PETIT-GRENIER,

DE LA RUE DES TEINTURIERS A CELLE DE ST-CHRISTOPHE.

Dénomination dont l'origine et la plus ancienne date nous sont inconnues.

4*

RUE DES GRIFFONS,

Cette rue doit son nom à la demeure qu'y fit Léonard de *Giffon*, Général des Frères-Mineurs, qui, après avoir refusé le chapeau de cardinal des mains du Pape Urbain VI, l'accepta de celles de l'anti-pape Clément VII, le 18 décembre 1378. Un acte de 1437 détermine l'emplacement d'une maison : *Paroisse Saint-Didier, dans la livrée du cardinal de Gifono.*

RUE DES GROTTES,

Le nom de cette rue vient des ruines d'un vaste monument romain, qui paraissent avoir été utilisées pour une des premières enceintes fortifiées que se soit donnée la ville d'Avignon, et dont les arcades forment de très-belles caves, ou *grottes*, pour les maisons qu'on a construites au-dessus. *Carreria Crottarum*, disent les documents anciens. Le seul reste de ce monument qui soit actuellement en évidence, se trouve dans la rue *Saint-Étienne*. Il a servi de base au clocher de la paroisse de la Magdelcine, actuellement démoli.

RUE HERCULE,

Ce nom est le résultat d'un hommage que les érudits d'une de nos municipalités révolutionnaires voulurent rendre à *l'Hercule Avignonais*.

Avant 1793 , cette rue était dite communément de *Sainte-Claire*, parce qu'elle formait comme une sorte d'avenue devant le monastère de ce nom, ou des *Ursulines* , parce que le monastère des religieuses de ce nom était assurément l'établissement le plus considérable de ce quartier. Les Ursulines s'étaient établies, en 1637, dans une maison qui avait appartenu à René d'Anjou, roi de Sicile, et dans laquelle ce prince venait fréquemment séjourner. On sait combien il aimait Avignon ; il y tenait sa maîtresse favorite, et pour les besoins de ses finances , il s'adressait de préférence aux banquiers avignonais. La rue dans laquelle il avait sa demeure, ne s'appela pas la rue du *Palais-Royal*, mais tout simplement la rue de la *Maison du Roi*. Un siècle auparavant, cette maison, qui n'avait pas dû pourtant se détériorer entre les mains du bon René , était le *palais* de Pierre de Sortenac , évêque de Viviers, que Grégoire XI fit cardinal le 20 décembre 1375. La rue *Hercule* s'appelait alors la rue du *Cardinal de Viviers*.

La maison qui touche, au nord, à l'ancien monastère des Ursulines, a appartenu, au dernier siècle, à une famille de médecins célèbres qui était venue s'établir à Avignon dans les dernières années du siècle précédent. Le dernier de cette famille, Joseph Gastaldi , né à Avignon en 1741, fut non-seulement un des premiers médecins de son temps , mais encore , après Corvisart, le premier gastronome de l'empire. Il ne passait pas à table moins de quatre heures, qu'il employait à analyser ses sensations et à méditer sur les progrès dont il ne manquait pas d'indiquer la route à l'art culinaire. Il dut à l'extrême finesse de son palais d'ê-

tre élu à l'unanimité *président perpétuel du Jury
dégustateur*, que Grimod de la Reynière avait institué dans son *Almanach des gourmands*. Le docteur Réveillé-Parise raconte qu'un jour, après un
succulent dîner, Gastaldy se fit servir une forte
portion de macaroni. La dame qui se trouvait
assise à ses côtés lui en fit la remarque : *Le macaroni est lourd*, répondit-il, *mais il est comme
le Doge de Venise: quand il arrive, il faut lui faire
place, et tout le monde se range*.

Il mourut, le 22 décembre 1806, des suites d'une
apoplexie dont il fut frappé en dinant chez le cardinal de Belloy, archevêque de Paris.

RUE DE L'HOPITAL,

DU PORTAIL-MATHERON A LA RUE DE RASCAS.

On a compris, en 1843, sous cette désignation
unique, deux rues anciennement distinctes: la rue
des *Allemands*, et la rue des *Réformés*. La rue des
Allemands qui devait ce nom à une ancienne famille du pays, était dite aussi *des Pénitents-Noirs*,
à cause de la chapelle des pénitents-noirs de la
Nativité de Saint Jean-Baptiste, qui subsistait dans
ce quartier depuis 1486. Cette rue s'étendait du
Portail-Matheron jusqu'à la rue du *Puits-des-Thou-
mes*. La rue des *Réformés*, qui allait jusqu'à l'Hôpital, devait son nom au couvent des Augustins-
Réformés, qui y fut établi en 1608, et dans lequel
les Frères des Écoles chrétiennes viennent, de nos
jours, de fonder un établissement.

PLACE DE L'HORLOGE,

CETTE PLACE, DITE AUSSI DE L'HÔTEL-DE-VILLE, ÉTAIT ANCIENNEMENT LE CENTRE DU GRAND MARCHÉ D'AVIGNON.

MAGNUM MACELLUM, disent les documents du XIVe siècle. Plusieurs rues ont entièrement disparu dans les agrandissements qu'elle a successivement reçus.

Quand, malgré les sollicitations et les pleurs des Avignonais, le Pape Grégoire XI partit pour aller transférer le Saint-Siége à Rome, la mule qui le portait s'abattit sur la grande place. Ce fait, d'un déplorable augure, permit à ceux qui avaient jusque-là cherché en vain à le retenir, de tenter quelques nouveaux efforts; mais Grégoire, comme autrefois César, persista dans son dessein.

Nous avons déjà dit que l'abbaye de Saint-Laurent, qui était située sur l'emplacement de la salle des spectacles et d'une partie de l'Hôtel-de-Ville, datait de la fin du IXe siècle. La tour de l'horloge fut bâtie en 1354 par Audouin Auberti, neveu d'Innocent VI, évêque de Paris, d'Auxerre et de Maguelonne, que son oncle fit cardinal le 15 février 1353, et qui mourut le 9 mai 1363, en laissant par son testament cette tour et ses dépendances au monastère des Dames-de-Saint-Laurent. Son palais, qui avait été successivement la livrée des cardinaux Jean et Pierre Colonna, portait, lorsqu'en 1447 la ville l'acheta pour y établir le siége du pouvoir municipal, le nom de *Livrée d'Albano.*

Le 23 septembre 1461, le conseil délibéra de faire mettre une horloge sur la tour qu'on avait d'abord louée aux Dames de Saint Laurent; mais

cette horloge n'était pas encore achevée en 1469.
En même temps que l'horloge, on éleva le campanile qui est au-dessus de la tour. Le 30 juin 1497,
on délibéra de faire célébrer la messe, tous les
jours, dans la chapelle établie dans cette tour.

La statue de Charles de Grillet, brave Avignonais
tué au siége de Poitiers, le 25 juillet 1569, fut placée sur la façade de l'Hôtel-de-Ville avec une inscription en son honneur.

Quatre maisons étaient enclavées dans l'Hôtel-de-Ville et affectées au logement des courriers ;
mais elles étaient si petites et en si mauvais état,
que ces Messieurs ne daignaient pas les occuper eux-mêmes ; mais, par une tolérance abusive
des Consuls, ils les louaient à de pauvres gens
de la lie du peuple, et très-souvent à des personnes
suspectes. Elles furent démolies en 1734, époque
à laquelle on fit le grand escalier et les bâtiments
intérieurs de la cour, d'après les plans de M. Franque.

La statue de la Vierge avait, depuis longtemps,
remplacé, sur la façade de l'Hôtel-de-Ville, celle du
brave chevalier de Grillet. Le 27 Frimaire an II,
le Conseil délibéra de mettre à la place de la
Vierge la statue de la Liberté, ou celle de la
Raison, et que, pour faire pendant, on rappellerait dans le cadre de l'inscription consacrée, en
1710, au souvenir des secours extraordinaires que
le Pape Clément XI avait donnés aux pauvres de
la ville pendant la disette de l'année précédente,
les noms de tous les citoyens *victimes de la rage
aristocratique et des cannibales marseillais*. Raspail,
officier municipal, fut chargé de la rédaction de
ce projet.

Cet ancien édifice, à l'exception de la tour de l'horloge, a été entièrement démoli en 1845, et le monument qui l'a remplacé, a été solennellement inauguré le 24 septembre 1851, par le Prince Louis-Napoléon Bonaparte, alors Présidént de la République, et aujourd'hui Empereur des Français.

RUE DES INFIRMIÈRES ,

DE LA PLACE DES TROIS-PILATS A LA RUE DE LA CARRETERIE.

CETTE rue, toute en dehors de l'ancienne enceinte d'Avignon, tire son nom de ce qu'on y avait établi les infirmeries pendant la contagion qui désola cette ville en 1348.

Une des premières maisons, à gauche, en entrant dans la rue des *Infirmières*, était habitée, dans la seconde moitié du XIVᵉ siècle, par Diane de Mendosa, maîtresse du roi René. Elle appartenait, un siècle plus tard (1569), à Marguerite de Rochefuel; Jean Rosset la possédait en 1609. La famille des Gollier, notaires, la garda jusque vers 1780. En 1781, elle appartenait à Louis Faulcon, et fut transmise par héritage à la famille Chambaud, qui l'habite aujourd'hui.

Dans la même rue, à droite, dans le cloître des Carmes, était la chapelle de la Confrérie des Pénitents-Bleus, érigée en 1547, sous l'invocation de Notre-Dame-de-Pitié.

RUE JACOB,

DE LA RUE SAUNERIE A LA PLACE JÉRUSALEM,

ET PLACE JÉRUSALEM.

VOIR ce qui a été dit sous le titre de rue *Abraham.*

RUE JOYEUSE,

DE LA RUE DU PORTAIL-MAGNANEN A LA RUE PERSIL.

Un acte de 1613 dit : *Rue de Joyeuse*, paroisse de Saint-Agricol, ce qui ne peut s'appliquer à celle-ci. Nous trouvons, dans un travail communiqué jadis à M. Requien par M. le Comte de Blanchetti, que ce nom avait été donné par antiphrase, attendu que l'exécuteur des hautes-œuvres demeurait dans cette rue.

RUE VIEILLE-JUIVERIE,

DE LA PLACE DU PALAIS A LA RUE FERRUCE.

Une très-ancienne tradition, corroborée par cette circonstance que les Juifs étaient spécialement placés sous la protection de l'Évêque, porte que la *Juiverie* était anciennement dans ce quartier, qui ne comprend pas moins de cinq petites rues ; mais les documents écrits gardent, à ce sujet, un silence embarrassant.

RUE JUVERT,

DE LA RUE DE LA POUZARAQUE A LA RUE DU DIABLE.

Dans ce quartier tout agricole, ce nom ne peut venir que d'un jardin où les ménagères allaient chercher du *persil* (*juvert* en provençal) pour leurs assaisonnements. Avant 1843, la rue *Charrue* s'appelait également *Juvert ;* mais à cause des confusions fâcheuses auxquelles la similitude de ces deux noms ne donnait lieu que trop souvent, elle dut prendre sa nouvelle dénomination.

RUE LABOUREUR,

La partie de cette rue comprise entre la place *Saint-Didier* et la rue du *Collége*, était dite rue de *Brancas*. On a dit ailleurs comment le palais de Brancas avait été acquis pour y établir le Collége. L'autre partie de la même rue comprise entre la rue du *Collége* et celle des *Trois-Faucons*, était appellée rue du *Collége-Saint-Michel*, de l'établissement qui y fut fondé sous ce nom, en 1483. L'ensemble des maisons entre la rue des *Trois-Faucons* et la rue *Laboureur* était, en 1370, le bourg des Laboureurs, *Burgum Laboratorum*, non qu'il fût habité par des laboureurs, mais parce qu'il était possédé par une famille importante du nom de *Laboratoris*.

Avant 1843, la rue *Laboureur*, qui allait de la place Saint-Didier à la rue du *Collége*, était dite aussi *de la Congrégation-des-Messieurs*, parce qu'il y avait la chapelle de la Congrégation de ce nom que les Jésuites avaient annexée à leur collége.

RUE LAFARE,

La partie méridionale de cette rue était connue, avant 1843, sous le nom de rue du *Pouzillon*, mot provençal qu'on peut rendre en français par le mot *petit-puits*. Quant à la rue de *Lafare* proprement dite *Carreria Farisea*, comme porte un document de 1499, nous ne saurions avec quelque certitude indiquer l'origine du nom qu'elle porte.

RUE LANCERIE,

CETTE rue, dont une portion considérable se trouve aujourd'hui réunie au sol de la place de *l'Horloge*, s'appelait, en dernier lieu, la rue des *Cordonniers*. Le nom beaucoup plus ancien de rue *Lancerie*, aurait été donné, selon un auteur, à l'une des rues de Marseille, à cause des lances qu'on y fabriquait pour les Croisés. Nous n'oserions affirmer que la nôtre dût son nom à d'aussi nobles manufactures; mais nous pouvons affirmer qu'au moyen-âge, les produits des forges avignonaises n'étaient pas à dédaigner, puisque le duc de Guise, voulant se procurer une brillante et solide armure, s'adressa au brave Crillon, qui se trouvait alors à Avignon, afin qu'il voulût bien en faire la commande à un des maîtres fourbisseurs de la ville.

RUE LAGNES,

L'ORIGINE de ce nom ne nous est pas connue.

RUE LANTERNE,

LE nom de cette rue est la seule trace qui reste du bourg important des *Lanternes*, qui s'étendait de la *Calade* au rempart, et de *Saint-Martial* à la rue *Saint-Charles*. *Burgus Lanternarum*, disent les anciens documents. Une reconnaissance de 1495

désigne cette rue en ces termes : *Transversia vulgariter dicta* de la Lanterne.

Cette rue est beaucoup plus connue sous le nom
de *Triperie*, parce qu'à cause de l'ancien abattoir,
qui était voisin, la majeure partie des *tripières* y
demeurait. On a aussi donné à cette rue, pendant
quelque temps, le nom de *Vieille-Calade*.

Le 6 décembre 1604, Le Chapitre métropolitain
ayant obtenu, par une transaction avec la Chambre
apostolique, qu'il aurait seul à perpétuité le droit
de donner des concessions pour bâtir sur le canal
de la Sorgue, fit placer tout près de l'ancienne
et vénérée Madone de la rue de la *Triperie*, l'inscription suivante :

D. V. Q. M.

CAROLO CARDINALI DE COMITIBUS , PROLEGATO ,

CUJUS AUCTORITATE PIETATEQUE

LITE FISCALI TRIUM SECULORUM PERPETUITATE PENE

IMMORTALI

FELICITER DELETA

SORGIÆ OMNE JUS SUUM PACIFICE RETINENT

PRÆPOSITUS, CANONICI ET CAPITULUM S. ECCLESIÆ AVEN.

ÆTERNÆ GRATITUDINIS ERGA ME POSUERUNT

ANNO 1604.

RUE PETITE-LANTERNE,

DE LA RUE LANTERNE A LA-CALADE.

C'est une simple traverse, demeurée sans nom,
et qu'on a ainsi désignée dans l'étiquetage général
fait en 1843.

Il existait en cet endroit un passage de l'ancienne
enceinte, nommé l'*Escarpe*.

RUE DES LICES,

CETTE rue comprend une partie des *Lices* du rempart démoli en 1226. Nous avons dit, en parlant de la rue *Calade*, à quelle occasion cette voie publique prit le nom de rue de *Comti*. L'existence, dans cette rue, de presque toutes les tanneries établies à Avignon, lui a valu aussi le nom vulgaire de rue des *Tanneurs*.

Il y avait, dans cette rue, la chapelle de Notre-Dame-de-Salut, fondée en 1348 ; la communauté des Dames de la Miséricorde, fondée le 9 juin 1643 ; la maison de l'Aumône générale, établie en 1541, et devenue, en 1847, caserne des militaires passagers ; le monastère des Dames du Verbe-Incarné, fondé le 15 décembre 1639 ; le couvent des Cordeliers, qui datait de 1226, et où a été fondé, en 1848, un collége des Jésuites, et enfin la chapelle de Notre-Dame-de-l'Annonciation, ou du *Portail-Peint*, fondée en 1348.

RUE DU LIMAS,

DE LA PLACE CRILLON A LA PORTE FERRUCE.

C'ÉTAIT là qu'était anciennement le port du Rhône. L'aire de ce port, fréquemment souillée par les dépôts limoneux des eaux grossies du fleuve, a transmis ce nom à la rue qui y a été tracée : *Ad portum Rhodani vocati des Limas*, 1365. — *Platea Limacii*, 1509, 1568, trouvons-nous dans les anciens documents.

Cette rue ne fut régulièrement pavée qu'en 1741.

RUE PETIT-LIMAS ET RUE LIMASSET,

DE LA RUE DE LA GRANDE-FUSTERIE AU REMPART DU RHÔNE.

Ces rues, ne portant pas de désignation sur les plans du cadastre, reçurent, en 1843, un nom qui fut emprunté, pour toutes deux, à la grande rue du *Limas*, qu'elles traversent.

Un des mythes familiers au moyen-âge et dont le sens nous échappe aujourd'hui, était connu sous le nom de *la Truie qui file*. Avignon avait, entre le *Limas* et la *Grande-Fusterie*, une rue qui portait ce nom, que nous trouvons encore écrit dans un acte du dernier siècle. Nous ne croyons pas nous tromper en disant qu'il s'appliquait à la partie orientale de la rue *Limasset ;* nous soupçonnons même que la sculpture de la *Truie qui file* était à l'angle de la maison actuelle de Mme Duprat, qui fait saillie sur la *Grande-Fusterie*.

A défaut de renseignements qui nous permettent d'expliquer d'une manière satisfaisante la signification de cette sorte d'emblème, voici ce qu'on lit dans Sauval (*Histoire de Paris*, *tom.* II, *pag.* 618) « A la mi-carême, on force les apprentis nouveaux-venus, chez les marchands et artisans des halles, d'aller baiser la figure d'une *Truie qui file*, sculptée contre une maison du marché aux poirées ; non pas sans leur cogner le nez contre en la baisant ; et tout le long du jour, ce n'est que danses dans ce quartier, gourmandise et ivrognerie. »

RUE LONDE,

Ce nom vient d'une famille qui, à la fin du dernier siècle, se livrait dans cette rue à la fabrication des étoffes de soie. Ce fut la citoyenne Roque-Londe qui fournit au 2ᵉ bataillon des volontaires du district de Vaucluse, le drapeau sous lequel il marcha.

Les Frères des Écoles chrétiennes, à leur arrivée à Avignon, avaient formé, dans cette rue, un établissement dont ils se défirent en 1769. C'est à cette circonstance que cette rue avait dû de s'appeler auparavant la rue des *Frères*.

RUE LUCHET,

Nous avons dit ailleurs qu'avant 1843, cette rue portait le nom de *Juvert*, et que ce nom fut alors changé afin d'éviter les confusions auxquelles donnait naissance la similitude de ce nom avec celui que portaient déjà d'autres rues. Les motifs qui ont fait adopter le nom de *Luchet* sont les mêmes qui ont fait adopter ceux de *Brouette*, *Charrue*, etc.

PLAN-DE-LUNEL,

Il nous serait difficile de dire à quelles circonstances ce nom, qui est très-ancien, a dû son origine. Dès le XIVᵉ siècle, les anciens documents portent invariablement *Planum Lunelli*. Il y avait, sur cette place, le palais de Jacques des Ursins,

Romain, créé cardinal le 30 mai 1371 par le Pape Grégoire XI.

La plus ancienne Boucherie dont il reste des traces était dans la rue *Bouquerie*, et la plus ancienne Poissonnerie était au *Plan-de-Lunel*. Comme seigneur direct de la *Vigne-Vispale*, dans les limites de laquelle le *Plan-de-Lunel* se trouvait compris, l'évêque d'Avignon percevait sur les bancs de la Poissonnerie une redevance annuelle en nature. A cet effet, le procureur de la mense épiscopale se rendait, un matin, vers le milieu de la Quadragésime, à la poissonnerie, et faisait taxer, par deux ou trois poissonniers honnêtes, ce que valaient, ce jour-là, une alose de grosseur convenable et une bonne douzaine de sophie, afin que si, passé ce jour-là, les emphytéotes ne pouvaient, faute de poisson, acquitter leur tribut en nature, ils pussent le faire en monnaie.

Il y avait sur cette place, avant 1790, une croix devant laquelle une fondation pieuse obligeait les enfants de chœur de Saint-Agricol à venir chanter le *Salve Regina* ou le *Crux Ave*, la veille de certaines fêtes de l'année.

RUE DU MAIL,

DE LA RUE CALADE AU REMPART DE L'OULLE.

Cette rue a été ainsi nommée parce quelle aboutissait à l'endroit des lices intérieures, plus particulièrement fréquenté par les joueurs au *mail*. Avant 1843, le boulevart intérieur, depuis la porte de l'*Oulle* jusqu'à la rue *Annanelle*, portait le nom de rue du *Jeu-du-Mail*, et la rue à laquelle nous consacrons cet article était appelée du *Maille*.

Le Rocher et les lices intérieures, dont la rue
du *Jeu-de-Mail* faisait partie, jouissaient anciennement d'un singulier privilége. Il est de telle nature
que nous sommes obligés pour le faire connaître
d'emprunter une langue qui brave l'honnêteté.
Nous citons le texte des statuts d'Avignon de 1134
et de 1251 :

Ne purgentur ventres in Carreriis.

*Statuimus quod nullus homo masculus vel femina
major* XII *vel* XIII *annis, de die vel de nocte, audeat
infra civitatem in Carrerias, exceptis umbarriis et
Castello, pondus superfluum deponere, purgando
ventrem, et qui hoc fecerit pro singulis vicibus in duos
solidos puniatur de quibus Curia* XII *denarios, et accu-
sator illius qui hoc fecerit, alios* XII *denarios, et hoc
preconizetur quater in anno ab omnibus quatuor pre-
conibus.*

De là cette locution provençale quand on veut
congédier un importun : *Vai-t-en caga au Maïo.*

RUE DES MARCHANDS,

DE LA PLACE DE L'HÔTEL-DE-VILLE A LA RUE DE LA
SAUNERIE.

AVANT 1843, cette rue, depuis la place de l'*Hor-
lége* jusqu'à la rue *Rappe*, s'appelait rue *Ferraterie*,
ou *Ferreterie*, et par exception, de la *Chausseterie*.
Depuis la rue *Rappe* jusqu'à la *Saunerie*, elle portait le nom de rue de l'*Épicerie*. Ces noms venaient
du genre de commerce qui s'exerçait dans chacune des deux parties de cette rue, de même que,
de nos jours, la voix publique a imposé à son en-

semble sa dénomination actuelle à cause du grand commerce qui s'y fait.

La corporation des épiciers, fort puissante au moyen-âge, entretenait une aumône et avait une chapelle dans les maisons qui sont immédiatement avant l'entrée de la rue Abraham. La fondation primitive remontait au Sire Bertrand de St-Laurent, qui en avait fait l'objet de son testament du 23 juillet 1258. Après la dissolution de la corporation des épiciers, cette aumône, administrée par les habitants des rues de l'*Épicerie* et de la *Ferraterie*, n'avait plus que quelques revenus sans importance, qu'un édit du roi de France, daté du mois de décembre 1769, unit à la maison de l'Aumône générale. Il ne reste de la chapelle qu'une image de la Sainte Vierge, toute lacérée, qu'on voit encore à l'angle de la rue des *Fourbisseurs*.

RUE DE LA MASSE,

DE LA PLACE SAINT-DIDIER A LA RUE DE LA BONNETERIE.

Nous avons dit, en parlant de la rue du *Collége-d'Annecy*, qu'elle avait dû son ancien nom de rue *Masse* à la résidence que Pons de Massis y avait faite ; mais nous ne connaissons pas d'une manière certaine la circonstance à laquelle la rue de la *Masse* a dû d'être appelée ainsi. Le plus ancien des documents dans lequel nous ayons trouvé cette dénomination, est de l'an 1547, et la manière dont il s'énonce nous ferait croire qu'elle n'était pas généralement adoptée : *Rue de la Masse*, dit-il, *allant au Portail-Peint, au-devant du conduit de Cambaud.*

On voit dans la rue de *la Masse*, N° 7, un hôtel très-remarquable par sa façade de style florentin :

5

c'est là que les ducs de Crillon ont résidé jusqu'en 1792. Cette illustre famille fit les honneurs de ce magnifique hôtel à Mademoiselle Anne d'Orléans, lorsqu'elle passa à Avignon, en 1660 et en 1661, ainsi qu'au duc de Cumberland, frère du roi d'Angleterre, et à son épouse. Ce prince, dont la santé était délabrée, était venu à Avignon pour y chercher un climat plus doux que celui de la Grande-Bretagne ; il y passa l'hiver de 1784 — 1785, et se rétablit, grâce aux soins intelligents qu'il reçut du médecin Joseph Gastaldi.

L'hôtel de la même rue qui porte le N° 12, servit, dès le commencement de l'an second de la République, de maison de réclusion pour les femmes. On y creusa, au fort de la Terreur, des fossés qui furent comblés après le 9 Thermidor, et dont la destination sinistre a toujours été un mystère.

RUE DU PORTAIL-MATHERON,

DE LA RUE DE LA SAUNERIE A LA RUE DE LA CARRETERIE.

Le nom de cette rue est celui qu'on donnait à une porte de l'ancienne enceinte d'Avignon qui s'ouvrait en cet endroit. Cette porte tenait elle-même son nom d'une importante famille du pays. En 1104, les chanoines de Notre-Dame inféodèrent à Guillaume Mataron et à ses frères, un domaine appelé Jocundianis. En 1198, Pierre-Bertrand Mataron est porté le premier sur la liste des huit Consuls ; il figure encore parmi ceux de l'année 1228. Laugier Mataron prit part à la délibération par laquelle le Conseil de ville vota, au mois de septembre 1227, l'acquit de l'amende de 7,000 marcs d'argent que le légat romain de Saint-Ange avait frappée sur la ville. Bertrand et Pons Mataron figurent, en 1229 , dans l'acte par lequel les Consuls d'Avignon reconnurent les travaux du canal de la Durançole. Le 16 août 1316 , la maison de Pons Mataron fut comprise dans la livrée d'Arnaud de Pelegrue, que le Pape Clément V, dont il était parent , avait fait cardinal le 15 décembre 1305.

La famille des Mataron passa ensuite en Provence, où elle joua un rôle important. M. Roux-Alphéran , dans son ouvrage sur les rues d'Aix, nous apprend que la rue de la *Fusterie* de cette ville prit le nom de *Matheron*, d'Étienne Matheron, qui y acquit , en 1349 , une maison et vint l'habiter.

Nous ferons remarquer, en terminant, que les documents locaux orthographient, presque tous, *Mataron ;* que le traité de *l'État de la Provence dans sa noblesse* , porte *Matéron* , et que M. Roux-Alphéran , dans l'ouvrage cité, écrit *Matheron*.

RUE MAZAN,

DE LA RUE DE LA CALADE A LA PLACE CRILLON.

CETTE rue a retenu le nom d'un bourguet qui existait anciennement dans cet endroit , et qui , du nom de son propriétaire , s'appelait *le Bourguet de Mazan*.

En 1364, le Chapitre de Notre-Dame-des-Doms concéda , en cet endroit , un local sur la Sorgue, à un peintre du nom d'Étienne Grandi. Cet artiste pourrait bien avoir travaillé aux peintures qui sont dans le Palais des Papes.

RUE DE LA PETITE-MEUSE,

DE LA RUE DU VIEUX-SEXTIER A LA RUE DE LA BONNETERIE.

On ne sait pour quel motif le nom de cette rue, qui était écrit *Petite-Muse*, a été orthographié en 1843, *Petite-Meuse*. Les documents originaux donnent tous l'ancienne orthographe. D'après Du Cange, *Muse* est synonime de *Cornemuse*, d'où l'on peut inférer qu'un de ces instruments, mis pour enseigne au sommet d'un arc de boutique, aura motivé la désignation de cette rue. Il n'y a pas bien longtemps que cette rue n'était connue que sous le nom de rue de *M. de Fresquières*, à cause de la maison N° 9, qui appartenait à la famille de ce nom.

RUE DE LA GRANDE-MEUSE,

DE LA RUE DE LA BONNETERIE A LA RUE DES AMOUREUX.

Même nom et même origine que pour la rue qui précède. La contraction a fait dire quelquefois rue de la *Grand'muse*, rue de *Lagramuze*, d'où on aurait pu croire qu'elle devait son nom au *lézard gris* des murailles, ainsi appelé en langue provençale,

RUE MIGRENIER,

DE LA RUE DE LA BANASTERIE AUX ESCALIERS DE STE-ANNE.

Ce nom est dû aux *grenadiers*, dits en provençal *miougranié*, qui clôturaient probablement les héritages voisins, et qu'il n'est pas rare d'ailleurs, sous notre latitude, de voir végéter même sur les murs de clôture. Les anciens documents disent : *Carreria mille granot*, ou encore, *millegranorum*, 1500.

Le terrier de la Métropole nous apprend qu'il y demeurait, à cette époque, un laboureur, nommé Jean de l'Orme (*de Ulmo*) et surnommé *Brûle-terre ;* son verger, situé sous la roche, confrontait des traverses des trois autres côtés.

RUE MIJEANNE,

DE LA RUE DE LA CARRETERIE A CELLE DES INFIRMIÈRES.

Mijeanne est le féminin d'un adjectif provençal qui signifie *mitoyen.* La rue demeura d'abord mitoyenne entre deux voisins qui bâtirent chacun en deçà de sa limite. Les héritages ayant ensuite été morcelés, elle demeura commune à tous les possesseurs, qui, un jour, s'estimèrent heureux de s'exonérer de l'entretien du sol, en abandonnant la possession privative. Les actes ne l'en appelèrent pas moins pour cela *Carreria Mediana*, et l'étiquette qu'elle porte de nos jours conserve cette tradition.

RUE MOLIÈRE,

DE LA PLACE DE L'HÔTEL-DE-VILLE A LA RUE RACINE.

C'ÉTAIT jadis la rue *Saint-Laurent.* Elle devait ce nom au voisinage de l'abbaye des Bénédictines, qui existait en cet endroit depuis le IX⁰ siècle, et dont le sol est en partie occupé par la Salle des Spectacles , et en partie par l'Hôtel-de-Ville et par la rue qui sépare ces deux monuments. L'ancien nom a été abandonné en 1843 , et on s'est inspiré, pour le choix du nouveau, du voisinage de la Salle

des Spectacles. Nous ne saurions que répéter à ce
sujet ce que nous avons déjà dit en parlant de la
rue *Corneille*.

RUE DE LA MONNAIE,

DE LA PLACE DU PALAIS A LA RUE DE LA BALANCE.

CETTE rue doit son nom au monument qu'on
éleva en 1619 pour servir d'hôtel des monnaies,
et qui pourtant n'a jamais eu la destination qu'on
lui avait assignée. Le plan de la façade qui se dé-
veloppe sur la place du Palais, a été, dit-on, tiré
des cartons de Michel-Ange.

Cet hôtel servait, avant 1790, de caserne aux
chevau-légers de la Vice-Légation. Il a ensuite,
pendant près d'un demi-siècle, été affecté au casernement de la gendarmerie départementale;
enfin, pendant qu'on reconstruisait l'Hôtel-de-
Ville, on l'a utilisé, de 1846 à 1852, pour l'instal-
lation provisoire des services et des bureaux de la
Commune d'Avignon.

Dans le principe, l'écusson de la façade était aux
armes du Pape Paul V, et le tableau qui est au-
dessus de la porte contenait l'inscription suivante :

PAULUS V PONT. OPT. MAX.

HAS ÆDES

AURO, ARGENTO, ÆRE FLANDO FERIENDO

AD URBIS DECORUM EREXIT ORNAVITQUE

CURANTE

JO. FRANC. A BALNEO ARCH. PATRAC. VICELEG.

AVEN.

ANNO M. DC. XIX.

L'écusson et l'inscription ont été depuis lors

bien souvent changés. La mutilation des aigles qui
perchent sur la balustrade et sur les guirlandes,
remonte à la réaction politique de 1815. Les génies
qui supportent l'écusson dont nous venons de parler, jouissent, à cause de leurs formes un peu colos-
sales, d'une certaine popularité. Quand un artisan
avignonais veut dépeindre un enfant vigoureux et
bien portant, il ne manque pas de le leur compa-
rer, en disant : *Sèmblo lis ange de la Mounedo.*
Nous laissons aux connaisseurs le soin de décider
s'il faut voir dans cette comparaison un éloge ou
une crititique de l'œuvre sculpturale.

RUE DE LA GRANDE-MONNAIE,

DU PORTAIL-MAGNANEN A LA RUE COCAGNE,

ET RUE DE LA PETITE-MONNAIE,

DU PORTAIL-MAGNANEN A LA RUE DE LA GRANDE-MONNAIE.

Ces deux rues ont pris leur nom des ateliers
monétaires qui y fonctionnaient. Au moyen-âge,
les monnayeurs d'Avignon formaient une corporation puissante et jouissaient de priviléges très-
étendus. Une hôtellerie qu'ils fréquentaient d'habitude, et qui se trouvait à portée des ateliers, prit
l'enseigne des *Trois-Testons*, qui est devenue le
nom d'une des rues du voisinage.

RUE DU MONT-DE-PIÉTÉ,

DE LA RUE DE LA CROIX A LA RUE SALUCES.

Cette rue doit son nom à l'établissement charitable qui la borde, et dont la fondation remonte
à l'an 1609.

RUE MUGUET,

DE LA RUE DELA CARRETERIE A LA RUE DE RASCAS,

ET RUE PETIT-MUGUET,

DE LA RUE DU MUGUET A LA RUE ST-BERNARD.

Un conte en l'air, publié d'abord dans le journal *La Pie*, et reproduit ensuite dans l'Annuaire indicateur donné par Clément Fanot en 1847, a induit le public en erreur sur le nom de cette rue. Bien loin qu'il lui vienne d'un des Muguets d'Henri III, elle le tient d'une famille de cultivateurs du nom de *Nuguet*, dont quelques membres habitaient encore ce quartier il n'y a pas bien longtemps.

RUE DE NOTRE-DAME-DES-SEPT-DOULEURS,

DE LA RUE DU PUITS-DES-TOUMES AU REMPART DE
L'IMBERT.

Une chapelle, bâtie en 1639, dédiée à Notre-Dame-des-Sept-Douleurs, et auprès de laquelle les Frères-Mineurs Observantins, dits de la grand'-manche, avaient en 1674 établi leur couvent, a donné son nom à cette rue. Les anciens bâtiments des Observantins, dans lesquels le propriétaire, fédéraliste ardent, avait établi une corderie, furent incendiés en 1815. De là la désignation de *Corderie brûlée* qui fut donnée pendant un certain temps à cette rue.

L'entrepôt des Douanes est aujourd'hui l'établissement le plus important qui soit dans ce quartier.

RUE DE L'OBSERVANCE,

DE LA RUE ST-CHARLES AU REMPART ST-ROCH.

Cette rue doit son nom à l'établissement des Frères-Mineurs Observantins. Cette fondation fut faite, le 22 février 1469, par Louis Doria, marchand gênois, établi à Avignon. Il donna aux Observantins sa maison appelée *Beaulieu*, en leur imposant l'obligation d'y résider à perpétuité. La réforme s'étant introduite dans cet Ordre, sans cependant être unanimement adoptée, les Souverains-Pontifes avaient ordonné que chaque province de l'Ordre aurait trois ou quatre couvents de *récollection*, qui seraient cependant sous les ministres provinciaux de l'ancienne Observance. En conséquence des statuts généraux de l'Ordre faits en 1593, les quatre couvents de récollection désignés pour la province de Saint-Louis, furent ceux d'Avignon, d'Arles, de Nîmes et de Béziers. Mais l'autorité des Provinciaux de l'ancienne Observance fut bientôt méconnue dans tous les couvents réformés.

Les Observantins du couvent d'Avignon qui n'avaient pas voulu accepter la réforme, prétendirent que leur fondateur leur ayant imposé l'obligation de résider à perpétuité dans la maison qu'il leur avait donnée, c'était à tort qu'on voulait la leur faire céder aux Récollets. Ils persistèrent à y rester malgré les décisions supérieures et les invitations de l'autorité. Leur opiniâtreté semblait avoir complétement triomphé, lorsqu'un jour, au retour d'une procession à laquelle ils n'avaient eu garde de manquer, ils trouvèrent les Récollets

installés à leur place, et ne purent jamais parvenir
à se faire ouvrir les portes. Ils se dispersèrent
dans les communautés de l'ancienne Observance,
qui existaient à Saint-Remy, Barbentane et Tarascon. Mais Avignon avait pour ces moines d'ir-
résistibles attraits : ils établirent, à la rue Pétramale, dans l'hôtellerie actuelle de l'Écu-de-France,
un hospice dans lequel ils se trouvaient toujours
en grand nombre, jusqu'à ce qu'enfin l'archevêque, considérant qu'il n'était pas décent qu'ils ré-
sidassent à une si grande proximité des Dames de
Sainte-Claire, dont ils étaient déjà les confesseurs,
leur ordonna, le 18 août 1672, d'aller demeurer
ailleurs. Ils songèrent à l'ancien collége de Dijon ;
mais ce projet ne fut pas plus tôt connu, que la
ville, l'Université, le Chapitre de Saint-Didier et
les religieuses de la Miséricorde, s'empressèrent
d'y mettre opposition. Il leur fallut bien, puisqu'ils voulaient à tout prix respirer l'air d'Avignon,
accepter l'offre qui leur fut faite, en 1674, de la
chapelle de Notre-Dame-des-Sept-Douleurs.

La rue de l'*Observance*, quoiqu'ayant depuis le
27 avril 1602, son principal établissement occupé
par les Récollets, n'en conserva pas moins son
nom primitif.

Le couvent des Récollets d'Avignon était une
custodie sous le titre de Saint-Louis, et chef de
la province de Saint-Bernardin, qui comprenait
tous les couvents de l'Ordre situés en Provence et
en Languedoc. La réforme s'y était opérée sous la
direction du P. Nathanaël, dit *le Sage*, et elle s'y
pratiqua dans les commencements avec une grande rigidité. On raconte que le F. Jaume, natif
de Carpentras, vieillard fort avancé en âge, ayant

voulu consulter son supérieur sur une affaire de conscience, se présenta chez lui à huit heures du soir; celui-ci le pria d'attendre un instant à la porte de sa chambre; mais bientôt, distrait par d'autres idées, il se mit au lit et s'endormit, tandis que le pauvre vieillard, attendant toujours suivant l'ordre qu'il avait reçu, demeura ainsi debout jusqu'à ce que, matines sonnant, le supérieur sortit pour se rendre au chœur.

RUE DE L'OFFICIALITÉ,

DE LA RUE DE LA SAUNERIE A LA RUE DU CHAPEAU-ROUGE.

Les anciens documents ne désignent ce bout de rue que par ses tenant et aboutissant. Le nom actuel qui lui a été appliqué en 1843, est dû au voisinage de la tour et de l'hôtel du *Luxembourg*, que l'évêque Alain de Coëtivi avait fait bâtir en 1438, pour les audiences et les prisons de son officialité. Ces bâtiments furent affectés en 1681 au service des aliénés, qu'on y tenait enfermés, et vendus à des particuliers, lorsqu'en 1726, ces malheureux furent transférés dans un local plus sain et plus commode que fournirent les Pénitents de la Miséricorde.

RUE DE L'OLIVIER,

DE LA RUE DE LA BONNETERIE A LA RUE DU SAULE.

Un arbre dont les rameaux ombrageaient une partie de cette rue a dû lui valoir anciennement le nom qu'elle porte. On disait alors la rue du *Plan-de-l'Olivier*, comme on appelait la rue voisine celle du *Plan-du-Saule*.

RUE DE L'OMBRE,

Cette rue, déjà ainsi nommée en 1539, doit le nom qu'elle porte à ce qu'elle est si étroite que le soleil n'y pénètre jamais.

Jean Saisson, blanchier, possédait en 1632 la maison de cette rue qui fait face à celle des *Lices*. Pierre Parrocel, son gendre, la possédait en 1696. Il en passa acte de reconnaissance au profit du Chapitre de Saint-Agricol, le 28 septembre 1725. Marie Roque, que Parrocel avait épousée en secondes noces, reconnut la même maison au profit du même Chapitre, en 1766, étant alors veuve de Pierre Parrocel et héritière de Joseph-François Parrocel, chanoine de Saint-Didier, leur fils.

Pierre Parrocel, peintre d'histoire, membre de l'Académie royale de peinture de Paris, était fils d'un autre peintre d'histoire nommé Louis, et frère de deux autres peintres renommés par leurs tableaux de batailles, Joseph et Ignace Parrocel. Élève de Carle Maratte, Pierre saisit assez bien le genre de ce maître, et se distingua par une grande richesse de coloris et une admirable facilité d'exécution. Les églises d'Avignon sont pleines de tableaux de ce maître. On en trouve plusieurs au Musée-Calvet et dans les maisons particulières. Le maréchal de Noailles lui confia la peinture de la galerie de son château de Saint-Germain-en-Laye. Ce ne serait pas trop pour notre ville de consacrer le souvenir de ce grand artiste, en appelant de son nom la rue dans laquelle il avait sa demeure.

C'est aussi dans la rue de l'*Ombre* qu'était la maison où le célèbre naturaliste Requien vit le jour et passa la plus grande partie de sa vie.

IMPASSE DE L'ORATOIRE,

PARTANT DE LA RUE CALADE.

AVANT 1843 , on appelait ce passage *Impasse Lise*. Le mot Lise est ici le féminin d'un adjectif provençal qui correspond à l'adjectif français *Lisse*. Il s'appliquait assez bien à ce passage dans lequel les façades des maisons n'ont , d'un côté comme de l'autre , presque pas de parties saillantes.

Le nom actuel a été emprunté à la maison voisine des Prêtres de l'Oratoire , qui s'établirent à Avignon en 1646. Ils eurent d'abord un séminaire très-nombreux. Mais lorsqu'on ouvrit , en 1702, le Séminaire de Saint-Charles, presque tous les étudiants quittèrent les Oratoriens.

L'église de l'Oratoire, aujourd'hui annexée à la paroisse de Saint-Agricol, est un remarquable monument d'architecture. Les fondements en furent jetés en 1713. En 1730, les travaux étaient dirigés par M. Brun, architecte-ingénieur de la ville d'Avignon et de la province du Comtat. Les constructions n'étaient encore qu'a vingt pieds au-dessus du sol , lorsque le P. Léonard de Marseille , Chanoine de Saint-Pierre d'Avignon , prit la direction des travaux, à la dépense desquels il contribua largement. Elle fut enfin bénite en 1750.

RUE DE L'ORIFLAN,

DU PORTAIL-MATHERON A LA RUE DE LA CAMPANE.

La partie de cette rue comprise entre la rue de la *Sorguette* et celle de la *Campane*, portait avant 1843 le nom de rue *Lierrée*, à cause des *lierres* qui s'élevaient sur la muraille du jardin de la maison actuelle de M. Dau, et dont l'épaisseur était telle qu'ils formaient une sorte de voûte sur cette partie, d'ailleurs très-étroite, de la rue.

Nous sommes dans la plus grande incertitude sur les circonstances qui ont pu valoir à la rue principale le nom qu'elle a conservé. Les anciens textes portent tantôt *Oriflamme* et tantôt *Oriflan*. Or, ce dernier mot signifie, dans le vieux français du XVIe siècle, soit la bannière de Saint-Denis que portaient à la guerre les Comtes de Vexin, soit l'animal connu sous le nom d'éléphant. Rabelais emploie ce mot dans ces deux acceptions : *Luy mesme alla faire desployer son enseigne et oriflant.* (*Gargantua liv.* 1er. *ch.* 26.) — *Elle* (*la jument de Gargantua*) *était grande comme six oriflans.* (*Liv.* 1er *Ch.* 16.) L'exhibition d'un éléphant dans quelque local de cette rue, à une époque où il était assez rare qu'on en montrât en Europe, aurait pu impressionner la population au point que le nom de l'animal serait resté à la rue où on le montrait. La figure d'un éléphant a pu aussi servir d'enseigne à quelque industriel de ce quartier.

Dans la partie de la rue de l'*Oriflan* la plus voisine du *Portail-Matheron*, était un puits auquel était attachée une grosse chaîne de fer que l'on tendait dans les moments de trouble pour former des barricades : de là le nom de rue *du Puits-de-la Chaîne* qu'a porté pendant très-longtemps la rue de l'*Oriflan.*

En 1730, on voyait encore dans cette rue un pilier des anciennes murailles de la ville, lequel soutenait l'angle de la maison d'un nommé Jacques, qui avait, en 1674, obtenu la concession de ce pilier et d'un terrain attenant.

RUE DES ORTOLANS,

DE LA RUE DORÉE A LA RUE DE LA BOUQUERIE.

DEUX anciennes familles d'Avignon, les *Meissonnier* et les *Ortolan*, ont d'abord donné concurremment leur nom à cette rue, dans laquelle elles avaient leur habitation. Le dernier de ces noms a prévalu sans qu'on puisse assigner aucun motif à cette préférence. Nous trouvons, sous la date de 1269, cette désignation : *Carreria antiquitus vulgariter appellata de* las Meissonas, *sive* des Ortolas. Les anciens documents portent encore : *In Burgueto Ortolanorum* 1315, et *Carreria Ortolanorum, sive Meissonariorum,* 1370.

La maison de Raymond Ortolani fut comprise, le 16 août 1316, dans la livrée de Nicolas de Fréauville, Dominicain, créé cardinal le 15 décembre 1305, par le Pape Clément V. Il eut pour successeur dans ce palais Nicolas Capoche, Romain, évêque d'Urgel, que le Pape Clément VI revêtit en 1350 de la pourpre romaine.

Le Noviciat des Frères des Écoles Chrétiennes est l'établissement le plus considérable de la rue des *Ortolans ;* ils s'y sont établis vers 1820. Ce bâtiment était auparavant affecté au service du bureau de Bienfaisance. L'œuvre des Orphelines l'avait occupé depuis 1768 jusqu'à sa suppression, en 1797. Une communauté de religieuses Augustines y était précédemment établie.

RUE PAILLASSERIE,

DE LA RUE DU BON-PASTEUR A LA RUE ST-CHRISTOPHE.

CE nom, qui vient probablement de la litière dont cette rue était habituellement jonchée remonte à une époque très-ancienne, puisqu'on le trouve relaté dans des actes de 1508.

PLACE DU PALAIS,

DE LA PLACE DU PUITS-DES-BŒUFS AU ROCHER-DES-DOMS.

TOUT le monde sait que cette place doit son nom à l'ancien Palais des Papes qui s'y trouve bâti. On distinguait anciennement le grand et le petit Palais ; celui-ci était la demeure des Archevêques.

Jusqu'au XIVe siècle, la ville d'Avignon a été assise en grande partie sur les pentes du Rocher des Doms, et bien des noms de rues ont disparu avec les maisons qui les couvraient. On sait que lorsque Clément V arriva dans cette cité, on ne trouva pas d'édifice plus convenable pour sa résidence que le palais de l'évêque. C'est sur les terrains de l'ancien évêché et des maisons limitrophes que Jean XXII et Benoît XII élevèrent les gigantesques constructions qui subsistent encore, et c'est de cette époque que date la translation du palais épiscopal sur les terrains que couvrent de nos jours les bâtiments du Petit-Séminaire.

Ce n'est pas ici le lieu de faire une histoire du

Rocher des Doms et des édifices qui l'avoisinent: les détails de cette histoire, d'ailleurs très-intéressante, n'exigeraient pas moins d'un volume.

RUE DE LA PALAPHARNERIE,

DE LA RUE DES INFIRMIÈRES A LA PORTE DE LA LIGNE.

CETTE rue doit son nom aux écuries qu'on y prit pour loger les mules et les chevaux du Pape. Nous trouvons dans les anciens documents: *Carreria Frenarie*, 1333. — *Carreria Pellafrenarie antique*, 1535 et 1549. On lit dans les comptes du majordome d'Urbain V : *Solvi pro quadam mulha de Palefrenaria Domini nostri Pape, XIII solidos.* La rue de la *Palapharnerie* a été aussi appelée des *Salins*, à cause du voisinage des entrepôts de sel qui étaient situés le long du rempart Saint-Lazare. Il existait même vers cet endroit au XIV⁰ siècle, une chapelle de Notre-Dame-des-Salins.

PLACE DU GRAND-PARADIS,

DE LA RUE DE LAFARE A LA PLACE ST-JOSEPH.

CE n'est que la nécessité de distinguer les deux endroits qu'on appelait *Petit-Paradis*, qui a fait adopter, pour l'un d'eux, la désignation de *Grand-Paradis. Rue du Petit-Paradis tirant de la traverse du Pousillon à la Sorguette*, disent des documents de 1548 et de 1625.

Sur la place du *Grand Paradis* étaient, avant 1792, la maison de la *Propagande*, fondée en 1658 pour les filles nouvellement converties, et la chapelle des *Pénitents-Violets*, dont la confrérie fut fondée en 1662.

PLACE DU PETIT-PARADIS,

DE LA RUE DE LA MASSE A LA RUE DES LICES.

La portion de rue qui, entre les bâtiments de la caserne communale et ceux du monastère du Verbe-Incarné, aboutit à la rue des *Lices*, portait, avant 1843, le nom de rue de l'*Isle*, probablement pour marquer l'existence de quelque îlot formé de ce côté par la réunion des eaux de la Sorgue avec celles du canal des Sorguettes. La rue formant la prolongation de la rue du *Crucifix* et allant aboutir au *Portail Peint*, au couchant de la maison Malarte, s'appelait, sans doute à cause de son peu de largeur, la rue du *Sac*. Elle est aujourd'hui condamnée et forme des impasses.

On appelait *Paradis*, au moyen-âge, certains terrains bénits dans lesquels on obtenait son inhumation au moyen des largesses qu'on faisait aux églises et aux monastères. Nous n'oserions affirmer que les places de ce nom qui existent à Avignon, aient appartenu à quelqu'un de ces anciens cimetières : peut-être ne doivent-elles d'être appelées ainsi qu'aux reposoirs qu'on y dressait dans certaines occasions, et qu'on appelle aussi *Paradis*.

Au couchant de la place du *Petit-Paradis*, étaient, avant 1792, les dépendances du monastère des Dames de Sainte-Claire, fondé vers 1239, et au midi, celui des Dames du Verbe-Incarné, qui date seulement de l'année 1639.

RUE PAVOT,

DE LA RUE DES TROIS-FAUCONS A LA RUE DE LA CALADE.

Nous ignorons si le nom de cette rue, très-peu importante d'ailleurs, est tiré de quelqu'une des familles qui l'ont habitée, ou des papavéracées qui végétaient sur les murs des jardins qui la bordent en partie.

RUE PENTE-RAPIDE,

DE LA RUE DE LA BALANCE A LA PLACE DU PALAIS.

CETTE rue faisait partie de la *Vieille-Juiverie*, et ce n'est qu'en 1843 que lui a été donné le nom caractéristique qu'elle porte aujourd'hui.

RUE PERSIL-INFIRMIÈRES,

DE LA RUE DE LA POUZARAQUE AU REMPART SAINT-LAZARE.

CETTE rue aboutit à une tour des remparts dans laquelle était anciennement une petite ouverture qui servait à communiquer avec le dehors de la ville, lorsque, dans les moments de crise, les grandes portes étaient fermées et barricadées. On appelait cette ouverture le *Pourtalet*, et quelques anciens actes, loin d'appeler rue *Persil* la voie publique qui venait directement y aboutir, l'appelaient *la rue du Pourtalet de la Porte Aurose* (*Carreria Portaleti Portæ Aurosæ.*) La tour du *Portalet* fut démolie en 1738.

Il y avait, avant 1843, quatre ou cinq rues de la

ville qui portaient, soit le nom de *Persil*, soit celui de *Juvert*, ce qui occasionnait de fréquentes confusions. Le travail fait à cette époque fit disparaître quelques-unes de ces dénominations ; mais il a laissé notamment deux rues *Persil*, qu'on a essayé de différencier par l'addition du nom de la grande rue à laquelle elles aboutissaient. Ainsi on a dit rue *Persil-Magnanen*, rue *Persil-Infirmières*. On pourrait sans inconvénient faire disparaître cette dernière dénomination, en lui substituant le nom de rue du *Pourtalet*, qui aurait l'avantage de conserver le souvenir d'un détail topographique intéressant.

RUE PERSIL-MAGNANEN,

DE LA RUE DU PORTAIL-MAGNANEN A LA RUE DE L'OMBRE.

Voir le précédent article et ce qui a été dit au sujet de la rue *Juvert*.

RUE PÉTRAMALE,

DE LA RUE DE LA MASSE A CELLE DES LICES.

Sur l'emplacement des maisons de MM. King, E. Goudareau et Penne, se trouva d'abord la livrée de Bernard de Latour-d'Auvergne, que le Pape Clément VI créa cardinal en 1342, et qui mourut à Avignon le 1er août 1361. Ce palais fut ensuite donné au cardinal de Petramala, qui devait son élévation au Pape Urbain VI, et qui abandonna son parti pour venir, en 1387, à Avignon, se ranger sous l'obédience de l'anti-pape Pierre de Luna. En face, dans les dépendances du mo-

nastère de Sainte-Claire, fut encore, de 1394 à
1420, la livrée de Fernand de Frias, Espagnol,
que l'anti-pape Clément VII avait créé cardinal du
titre de Sainte-Praxède.

On voit que cette rue ne pouvait être que la fil-
leule d'un cardinal, et c'est celui de Petramala qui
lui a donné son nom. Il y avait, avant 1792, la
maison des Sœurs des Écoles gratuites, fondée en
1703 par M. de Château-blanc. Jean-Pierre Franque, habile architecte y demeurait en 1764.

RUE PEYROLERIE,

DE LA PLACE DU PALAIS A LA RUE DE LA PETITE-SAUNERIE.

C'était la rue dans laquelle s'exerçait, au moyen-
âge, l'art de la chaudronnerie. Son nom vient du
mot provençal *peyrou* (qui signifie *chaudron*.)

La partie inférieure de cette rue, comprise entre
la rue des *Ciseaux-d'or* et la *Banasterie*, était appelée, avant 1843, la rue du *Marché-du-fil*.

Dans sa partie supérieure, cette rue passe sous
un des contreforts du Palais ; le sol formé par le roc
vif, quoiqu'un peu aplani, était pénible à gravir.
Le passage continuel des hommes et des bêtes creu-
sait le roc dans le milieu, et les eaux des pluies
s'amassant ensuite dans ces creux, interceptaient
le passage. Le 12 août 1755, la ville fit cesser ce
fâcheux état de choses, en donnant l'adjudication
de l'exploitation du Rocher jusqu'à ce qu'il fût
amené au niveau de la place du Palais. Le passage
ayant été trouvé trop étroit, on y revint en 1760,
et on lui donna les proportions et le niveau qui
n'ont pas été changés depuis lors.

RUE PHILONARDE,

DU PORTAIL-MATHERON A LA RUE DES TEINTURIERS.

La rue de la *Courreterie-des-chevaux*, c'est-à-dire
celle où on corroyait plus particulièrement les
cuirs de ces animaux, s'étendait, dès le XIII° siècle, dans toute la ligne qui tient du *Portail-Peint*
au *Portail-Matheron*. La partie comprise entre le
Portail-Peint et la place de la *Pignotte*, reçut au
XVII° siècle, le nom de *Philonarde*, en l'honneur
de l'archevêque Marius Philonardi, qui de 1629 à
1634 gouverna les États citramontains de l'Église.
En 1843, la Commission du plan général d'alignement a fait prévaloir, pour l'ensemble de la rue,
le nom moderne sur le nom ancien.

On s'est demandé quelquefois si l'on ne devrait
pas orthographier *Filonarde* : le Vice-Légat était
Italien, et le génie de cette langue prescrirait cette
manière d'écrire son nom. Mais comme il n'y a
pas d'orthographe en fait de noms propres, le plus
sûr a été de s'en rapporter aux signatures de ce
gouverneur. Or, les signatures que nous en avons,
de même que l'inscription qui règne autour du
dôme de l'ancienne chapelle des Visitandines,
dont Philonardi fut le bienfaiteur, confirment
pleinement l'orthographe déjà adoptée.

Nous avons déjà parlé de la *Pyramide* et de la
maison du corps des taffetassiers, qui se trouvaient anciennement dans la rue de la *Philonarde*.
Il y existe encore aujourd'hui :

1° Le monastère des Dames du Saint-Sacrement, établi en 1814 dans les bâtiments de l'ancienne communauté des Religieuses Visitandines,

fondée elle-même le 9 mars 1624. Une des dernières religieuses de ce monastère, Jeanne-Françoise Naly, s'étant oubliée à prêter le serment exigé
par la loi du 9 Nivôse an II , osa le rétracter dans
les termes suivants, qu'elle adressa par écrit à
l'administration du district d'Avignon : « Je sous-
signée , Jeanne-Françoise Naly, religieuse de la
Grande Visitation de la ville d'Avignon , rétracte
le serment que j'ai fait le 2 du mois de juin
passé. Je demande pardon à Dieu et aux hommes,
et je me soumets à faire telle autre réparation
qu'exigeront dans tous les temps mes supérieurs
ecclésiastiques, catholiques, apostoliques et romains. » Elle demanda que cette rétractation fût
transcrite sur les registres de l'administration du
district, et qu'on lui donnât au moins une aussi
grande publicité que celle que son serment avait
eue. Cette rétractation la privait de droit des aliments résultant de sa pension ecclésiastique. Mais
le Comité révolutionnaire d'Avignon , considérant
que la rétractation de serment était un délit prévu
par l'article 3 de la loi du 9 Nivôse , arrêta que
la dame Naly serait conduite dans la maison de
réclusion de cette ville , et qu'on transmettrai
sa rétractation au Comité de sûreté générale de la
Convention, pour être statué.

2° La Congrégation des hommes, fondée sous le
vocable de Notre-Dame-de-Conversion , à la suite
d'une mission que fit , en 1734 , le P. Brydayne ,
dans l'église de Saint-Didier. Cette congrégation
fit d'abord ses exercices dans la chapelle des Dames de Sainte-Praxède, et ensuite dans l'église
des Bénédictins de Saint-Martial. Ce n'est qu'en
1749 qu'elle acheta le local où s'élève son église,
et cet édifice ne fut achevé qu'en 1757.

3° La Communauté des Religieuses de la Con-
ception, établie seulement depuis quelques années
dans nos murs. Elle vient de faire construire, dans
le style ogival, une charmante chapelle dont l'exécution fait le plus grand honneur à M. Reboul,
architecte, et à M. Doutavès, entrepreneur.

RUE DES PIC-PUS,

DE LA RUE DE L'ORIFLAN A LA RUE SALUCES.

LES religieux du tiers-ordre de Saint-François,
dits de l'Étroite Observance, ou *Pic-pus*, dont le
nom est resté à cette rue, s'établirent à Avignon
le 20 avril 1639. Ils acquirent à cet effet, de Melchior
de Ceps et de Catherine Labeau, mariés, une maison près du Mont-de-Piété, à laquelle ils adjoigni-
rent quelques autres maisons et jardins qu'ils achetèrent dans les environs. Ils entreprirent la construction de leur église en 1641, et celle de leur dortoir en 1665. Il s'éleva, au sujet de cette dernière
construction, un conflit entre eux et leurs voisines,
les Dames de Sainte-Catherine. Celles-ci se pré-
tendaient gênées par le prospect des fenêtres de
ce dortoir sur leur jardin. Les Supérieurs ecclésiastiques ménagèrent entre les parties contendan-
tes une transaction en vertu de laquelle les moines consentirent à ne pas élever leur bâtiment
au-delà d'une certaine hauteur, tandis que les
Religieuses firent relever bien haut le mur de leur
jardin.

PLACE PIE,

LE docteur Perrinet Parpaïlle fut Primicier de l'Université d'Avignon en 1513, et le 23 septembre 1522, le Conseil le députa pour aller à Rome avec Thomas de Faret, prêter hommage, au nom de la ville d'Avignon, au Pape Adrien VI. Jean Perrin, fils de Perrinet, ne joua pas un rôle moins important. La ville l'avait député, en 1560, au Pape Pie IV, et il en avait obtenu, entre autres faveurs, le rappel du Vice-Légat, Jacques-Marie de Sala. Jouissant d'une grande réputation de science et de probité, il fut attiré à Orange, où on le nomma président unique du Parlement. Il donna d'abord des marques d'un grand zèle pour la défense du catholicisme; puis il embrassa, en 1561, le parti opposé, et se montra bientôt si ardent religionnaire qu'il tenta, en 1562, de mettre le siége devant Châteauneuf-Calcernier. Au mois de juin de cette année, comme il revenait de Lyon, où il avait porté, pour les faire convertir en monnaie, les châsses et les vases sacrés de l'église d'Orange, il se vit reconnu et arrêté au Bourg-Saint-Andéol, et livré au comte de Sommerive, qui se trouvait à Mondragon. Celui-ci le conduisit jusqu'à Caumont, où il le livra au Vice-Légat, qui l'avait réclamé comme sujet du Saint-Siége. Après avoir été jugé militairement, il eut la tête tranchée dans la cour du *Palais*, au-devant du puits de *Trouillas*, le lundi 9 septembre, à quatre heures du matin. Son corps fut aussitôt porté par l'exécuteur dans la place du Palais, devant l'église de Notre-Dame-des-Doms, où l'on avait élevé une potence à laquelle il fut attaché. On pendit immédiatement à cette même potence un artificier nommé Toni Pellegrin, convaincu d'avoir voulu livrer la ville aux Huguenots, en les introduisant par une tour des remparts, qu'il devait faire sauter au moyen d'une mine. A six heures du soir, les deux cadavres furent levés et honorablement ensevelis, savoir, Parpaille à Saint-Pierre et Pellegrin à Saint-Agricol. En même temps que Parpaille subissait le dernier supplice, sa maison, située près de l'église de Saint-Jean-le-Vieux, était livrée au pillage, et en moins de deux heures, dit un contemporain, il n'y resta pas pierre sur pierre. Une poutre qui se détacha à l'improviste, au milieu du désordre de cette démolition, atteignit et tua dans sa chute une femme et un enfant.

Le 30 janvier 1563, Laurent de Lenci, évêque de Fermo, Vice-Légat d'Avignon, bénit, en grande solennité et au bruit du canon, la place établie sur le sol de la maison de Parpaille, et la nomma *Place-Pie*, du nom du Souverain-Pontife régnant (Médicis.) Il scella, dans les fondements d'une colonnade qui devait y être élevée, des médailles d'or et d'argent au coin de Pie IV, et une inscription relative à la circonstance, portant les armes du Pape, du Légat, du Vice-Légat, de Serbelloni et de la Ville.

Cette colonnade, qui devait supporter une vaste toiture et former ainsi un marché couvert, ne fut achevée qu'en 1624. On résolut, en 1762, d'en faire une halle au-dessus de laquelle on placerait le *Sextier*. M. Franque, architecte, dressa les projets, et l'adjudication fut délivrée le 24 décembre 1762.

Par une transaction du 17 juin 1751, la ville

avait abandonné aux Doctrinaires un local déterminé, à la charge d'y faire bâtir à leurs frais une
chapelle en l'honneur de la Sainte Vierge. Cette
chapelle, sous le vocable de *Notre-Dame-de-bon-
Rencontre*, subsiste encore; mais il n'y a plus de
Pères de la Doctrine Chrétienne pour y venir tous
les jours dire la messe de grand matin.

Il ne faudrait pas s'imaginer que c'est parce
qu'Avignon était du domaine apostolique qu'on
veillait ainsi à mettre les gens des halles à portée
d'assister tous les jours au saint sacrifice de la
messe : l'ordonnance du 15 août 1655, qui décida
l'établissement à Paris d'une halle spéciale pour
les volailles, agneaux, chevreaux, cochons de lait,
œufs, fromages, etc. statue : *Esdits lieux une
chapelle sera édifiée en l'honneur de l'Annonciation
de la Sainte Vierge Marie, Mère de Dieu, pour y
célébrer tous les jours la messe, par tels prêtres que
les propriétaires de ladite nouvelle halle voudront pré-
poser.*

· Après 1790 et jusqu'à la Restauration, la *Place-
Pie* porta officiellement le nom de *Place-d'Armes*;
mais elle n'a pas cessé d'être le marché aux herbes
et aux fruits, et en 1843, on lui a rendu son nom
primitif.

PLACE DE LA PIGNOTTE,

DE LA RUE DE ST-JEAN-LE-VIEUX A LA RUE PHILONARDE.

L'AUMÔNE de la *Pignotte*, ainsi appelée, selon Du
Cange, de l'italien *Pagnotta*, pain de qualité inférieure qu'on distribuait aux indigents, et, selon
Cottier, de ce que les pains distribués étaient façon-
nés en forme de *Pignon*, ou de pomme de pin, fut

6.

fondée par le Pape Clément VI, pendant la cruelle disette qui régna à Avignon en 1347. Des pluies continuelles avaient détruit les semences, et le défaut de récolte, occasionnant une disette générale, avait fait monter le blé à un prix exorbitant. Le Pape fit distribuer journellement, sur cette place, à tous ceux qui se présentaient, assez de pain pour vivre pendant un jour. Il y choisit une maison dans laquelle il faisait peser chaque ration, d'où elle prit le nom de *Domus librationis*. Humbert II, Dauphin de Viennois, avait, de son vivant, concouru aux distributions de pain qui se faisaient à la *Pignotte*, et il institua cette œuvre son héritière.

Jean Colonna étant mort, Clément VI unit à l'OEuvre de la *Pignotte* le jardin et le verger que ce cardinal possédait à la rue *Velouterie*, dite alors des *Miracles*. Mais cette union qui avait été faite au mépris des droits de l'évêque d'Avignon à qui ces immeubles revenaient, attendu qu'il en était le seigneur direct, cessa lorsque les papes ne tinrent plus dans leurs mains les biens de l'évêché. La révendication fut faite par Anglicus Grimoard que le Pape Urbain V, son frère, pourvut en 1362 de l'évéché d'Avignon.

Au XVe siècle, les Juifs d'Avignon achetèrent de noble Jean Retronchin, chevalier, un terrain à la *Pignotte* pour y faire leur cimetière. La maison des Repenties, sous le vocable de Sainte-Marie-Égyptienne, fut établie sur cette même place en 1627. Celle des Filles-de-la-Garde, instituée pour les jeunes filles abandonnées de leurs parents, fut établie sur un autre point de la même place en 1646.

Après le départ de la Cour Romaine, les distributions de pain cessèrent à la *Pignotte*. Le 6 janvier 1450, Nicolas V donna cette maison avec toutes ses dépendances, y compris la redevance que payaient les Juifs pour inhumer leurs morts dans le voisinage, à Alain de Coëtivi, cardinal-prêtre du titre de Sainte-Praxède, évêque d'Avignon. La mense épiscopale paraît avoir aliéné cet immeuble dans le siècle suivant. Il appartenait, en 1699, à Françoise Maurin, femme de Joseph Indignoux, qui le bailla, cette année, moyennant 200 francs de loyer annuel, à François de Vissec, Comte de Ganges. Cette maison passa dans la suite à la famille des Achards de la Baume, qui y fit de grandes réparations en 1760.

RUE PIOT,

DE LA RUE GALANTÉ A LA PLACE DE N.-D.-LA-PRINCIPALE.

Magistrat intègre et éclairé, poëte agréable, citoyen dévoué, M. Piot demeurait dans cette rue. En l'appelant de son nom, la Commission de 1843 n'a fait que consacrer une désignation adoptée depuis longtemps par le public.

PLACE DES TROIS-PILATS,

DE LA RUE STE-CATHERINE A LA RUE DES INFIRMIÈRES.

Il existait, au XIVe siècle, sur l'emplacement des bâtiments du Bureau de Bienfaisance, un hôpital sous le vocable de Saint-Jacques, et que la foule des nécessiteux appela *des Trois-Piliers*, parce que les distributions de secours s'y faisaient sous une vaste toiture triangulaire portée par trois piliers. De là le nom qui est demeuré à cette rue : *Tria Pilaria*, disent les anciens actes.

RUE PLAISANCE,

DE LA RUE DE LA CALADE AU REMPART DE L'OULLE.

Ce nom vient d'une des propriétés d'agrément qui existaient anciennement dans ce quartier et qui s'appelait *Plaisance*. Il est fâcheux que l'usage n'ait pas plutôt consacré le souvenir d'une chapelle dédiée à la Vierge sous le vocable de *Notre-Dame-des-Iles*, qui existait sur l'emplacement de la maison actuelle des hoirs Morel.

RUE POMMIER,

DE LA RUE DE LA CARRETERIE A CELLE DE L'HÔPITAL.

Le nom de cette rue vient d'une belle Madone qui existe à son angle oriental, du côté de la *Carreterie*, et qui porte encore aujourd'hui, gravé sur son socle : *Notre-Dame-du-Pommier*.

RUE DU PONT-TROUCA,

DE LA RUE DE L'HÔPITAL A LA RUE CORNUE.

La désignation de cette rue est empruntée à la langue provençale : elle signifie en français la rue du *Pont-Percé*. Les anciens documents l'appellent aussi *Carreria-Pontis-Traucati*. Ce nom ne peut venir que de ce que le pont sur la Sorguette qui mettait cette rue en communication avec l'ancien faubourg des *Matheron* a été pendant longtemps en si mauvais état qu'il laissait voir un ou plusieurs trous. La tradition veut qu'au XIVe siècle, les lieux de prostitution aient été en partie concentrés dans cette rue ; mais cette circonstance n'est pour rien dans le nom qui lui a été assigné.

Le *Pont-Trouca* formait la limite de la circons-
cription des anciennes paroisses de Saint-Pierre et
de Saint-Genest: ce qui était au levant appartenait
à celle-ci, et ce qui était au couchant, à celle-là.

RUE DU PONT,

DE LA RUE DU LIMAS A LA RUE DE LA GRANDE FUSTERIE.

CETTE rue servait d'avenue au *Pont Saint-Bénézet : Carreria Pontis Rhodani*, disent les anciens
documents. Nous ne répéterons pas ici la légende
miraculeuse et si connue qui se rattache à la construction de ce beau monument. Il fut commencé
en 1177 et terminé en 1189. Dans les siècles suivants, les nécessités de la stratégie, les glaces et
les inondations semblent s'être conjurées pour sa
destruction.

En 1349, Clément VI fit rétablir quatre arches
de ce pont qui s'étaient écroulées à la suite d'une
inondation. En 1395, le schismatique Pierre de
Luna en fit abattre une arche, afin de rendre moins
fréquentes les visites dont les ducs d'Orléans, de
Berry et de Bourgogne, alors logés à Villeneuve,
venaient l'obséder pour qu'il cédât la papauté. Ce
n'est qu'en 1418 que la ville fit reconstruire en
pierre cette arcade. Nouvelles chutes au mois de
septembre 1430 et à la fin de ce siècle. Trois arches
s'écroulent encore en 1602, et deux, le 8 mai 1633.
En 1650, on remplit les lacunes avec des char-
pentes dont la majeure partie est emportée par
les glaces en 1670. La ville remit à neuf, le 7 février 1674, l'arche qui tient à ses murs; mais le
mauvais vouloir du roi de France, qui, jaloux de
son autorité sur le lit du Rhône, ne voulait pas

tolérer que la ville d'Avignon perçût sur le pont un péage pour subvenir à son entretien, ni l'entretenir lui-même, fit renoncer définitivement à ce moyen de communication, après la chute de quelques arches survenue encore en 1680, et le passage ne se fit plus, jusqu'en 1818, qu'au moyen de bacs.

Constatons que Charles V, qui se prétendait souverain de la totalité du lit du Rhône, concéda au Saint-Siége, par une charte du 5 décembre 1368, toute la partie comprise entre les murailles de la ville et la chapelle de Saint-Nicolas sur ce pont, et que la seule partie de cet ancien monument qui subsiste encore, est précisément celle qui se trouve comprise dans les limites déterminées par la charte royale.

Saint Bénézet avait établi pour veiller à l'entretien du pont élevé par ses mains, une maison de Frères-Pontifes. On sait que, dans les siècles qui suivirent, ces utiles ingénieurs, séduits par l'éclat des Ordres militaires, s'y affilièrent, et délaissèrent les soins plus humbles auxquels leur institut avait été primitivement dévoué. En 1363, le cardinal Audouin Auberti fonda à leur place un hôpital en faveur des voyageurs nécessiteux. En 1679, cet hôpital, auquel Nicolas V, en 1443, avait uni le prieuré de Montfavet, ne recevant plus de voyageurs, fut affecté aux *scrofuleux*.

RUE DU PORTAIL-BIENSON,

DE LA RUE DE LA CALADE A LA RUE STE-PRAXÈDE.

Biançon est le nom d'une très-ancienne famille d'Avignon qui possédait un moulin à côté d'une

des portes de l'enceinte démolie en 1226. La porte,
et le moulin, qui vient à peine d'être démoli, prirent d'elle un nom qu'ils ont transmis à la rue
voisine.

Une transaction de l'année 1204, portant partage
des eaux de la Sorgue à Vedènes, cite un Guillaume *de Briançone*, qui était propriétaire de moulins
Batadours (foulons) sur la Sorgue. Raymond
Brientione prit part, le 3 des Nones de septembre
1227, à la délibération qui eut lieu au Conseil de
ville pour l'acquit des 700 marcs de l'amende frappée par Romain de Saint-Ange, Légat du Saint-
Siége.

Il y avait dans le voisinage du *Portail-Bienson*
la livrée de Gilles Aysselin de Montaigu, évêque
de Terrouane et chancelier de France, que le Pape
Innocent VI fit Cardinal le 17 septembre 1361.

RUE DU PORTAIL-MAGNANEN,

DE LA RUE DES LICES AU REMPART ST-MICHEL.

C'EST encore une des portes de l'ancienne enceinte de la ville qui a servi de marraine à cette
rue. Elle s'appelait ainsi à cause de la grandeur
relative de ses proportions comparées : *Portale-
Magnum*.

RUE DE LA PORTE-ÉVÊQUE,

DE LA RUE DE LA CALADE A LA RUE ANNANELLE.

COMME les rues précédentes, celle-ci doit son nom
à une porte percée dans l'ancienne enceinte de
1226. Cette porte devait elle-même son nom à ce
que la *Vigne-Vispale*, vaste terrain de la mense

épiscopale, s'étendait jusque-là. Comme à presque toutes les autres portes de la ville, les bords
de la Sorgue étaient ici disposés de manière à
servir d'abreuvoir. Les anciens documents désignent celui-ci par ces mots : *Adaquatarium Boum*.
En dehors de la *Porte-Évêque*, était en 1370 le
bourguet des *Millasses*, d'où l'on a tiré le nom de
la rue *Millaud* pour la voie publique qui passe
entre les couvents des Ursulines et des Récollets,
et qui, avec la rue *Groumelle* et celle de la *Porte-
Évêque*, ne fait plus qu'une seule rue sous ce dernier nom.

Les Cardinaux Audouin, évêque d'Ostie, et
Étienne Aubert, évêque de Carcassonne, avaient
chacun une maison de plaisance en cet endroit.

RUE DE LA VIEILLE POSTE,

DE LA PLACE DU PALAIS A LA RUE DE LA BALANCE.

Le nom de cette rue vient de ce que la poste
aux lettres y fut primitivement établie. Elle s'appelait auparavant, sans que nous en connaissions
le motif, la rue de la *Seille*. Ainsi nous trouvons
dans un acte de 1744 : *Rue de la Seilles, autrement
dite de la Poste*. Des actes de 1780 disent déjà : *Rue
de l'ancienne Poste*. En 1736, le directeur du bureau de la poste, situé dans cette rue, était nommé
M. Dubois.

C'est dans cette rue qu'était la livrée de Raimond
de Canillac, prévôt de Maguelonne, que Clément
VI créa en 1350 Cardinal-Prêtre du titre de Sainte-
Croix-de-Jérusalem, et qui est mort à Avignon le
20 juin 1373. A la fin du XVIe siècle, ce palais
était possédé, au moins en partie, par la famille

de la Croix de Suarès, et c'est là que naquit, le 5 juillet 1599, Joseph-Marie de Suarès, qui fut évêque de Vaison, bibliothécaire du Vatican, et l'un des pères de notre histoire avignonaise et comtadine.

RUE DE LA POUZARAQUE,

DE LA RUE DES INFIRMIÈRES AU REMPART ST-LAZARE.

Pouzaraque, en langue provençale, signifie *puits-à-roue*. Cette machine, destinée à élever les eaux pour les faire servir à l'arrosage des jardins, fut d'abord usitée à Marseille et introduite de très-bonne heure à Avignon. Un document de 1343 prouve l'existence d'une de ces machines hors la *Porte-Évêque*, dans des termes qui n'indiquent pas que ce fût même alors une nouveauté. Il n'est pas douteux que la rue de la *Pouzaraque* n'ait dû son nom à la présence d'une de ces mécaniques.

Domus ultra Poseraquam, disent des actes de 1505 et 1506 ; *Domus in carreria Poseraque et ante dictam Poseraquam*, dit un autre acte de 1518

RUE PRÉVOT,

DE LA RUE ST-MARC A LA PLACE ST-DIDIER.

Les maisons du côté nord de cette rue faisaient partie de l'ancien cloître de Saint-Didier. La maison du Prévôt ayant une issue de ce côté-là, a dû lui valoir le nom qu'elle porte. Ce nom n'est cependant pas ancien; car au moyen-âge, la tour de *Brancas*, qui est voisine, faisait appeler cette rue la *traverse de Brancas*, ou de *la Motte*. (*Voir Rue du Collège.*)

RUE PRIVADE,

DE LA RUE DE LA CARRETERIE A CELLE DES INFIRMIÈRES.

CETTE rue, parallèle à la rue *Mijeanne*, doit son nom à une circonstance analogue, mais opposée. Un particulier en ayant seul fait les frais, elle dut être à son usage particulier et *privatif;* c'est le sens de l'adjectif provençal *Privado*.

RUE PUCELLE,

DE LA RUE DE LA BALANCE A CELLE DES GROTTES.

LES documents anciens n'assignent aucun nom à cette rue, et le genre de vie des personnes qui l'habitent aujourd'hui contraste singulièrement avec le nom qu'elle porte. En traitant de la rue *Chiron*, nous avons dit quel est le nom qu'il conviendrait de lui donner.

RUE DU PUITS,

DE LA RUE DE LA CARRETERIE A LA RUE FER-A-CHEVAL.

CETTE rue, à cause de la conformité euphonique de son nom, pourra être confondue avec celle qui a été dédiée à Guillaume Puy, maire d'Avignon sous Napoléon Ier. Ce nom ne lui est du reste donné par aucun texte ancien, et les ventes des domaines nationaux l'appellent avec raison la rue *des Pénitents-Rouges*, parce qu'elle se trouve même à côté de la chapelle de l'ancienne confrérie de ce nom, fondée en 1700.

RUE DU PUITS-DES-ALLEMANDS ,

DE LA RUE DE L'HÔPITAL A LA MÊME RUE.

C'ETAIT en 1795 la rue de l'*Egalité*. Nous avons dit, en parlant de la rue de l'*Hôpital*, qu'une famille puissante, du nom d'*Allemand*, avait habité la rue et proche du puits public qui porte aujourd'hui son nom.

RUE DU PUITS-DES-BŒUFS,

DE LA PLACE DE L'HORLOGE A LA RUE DE LA BALANCE.

IL est impossible, ainsi que ce nom pourrait le faire croire, qu'à aucune époque un abreuvoir à bœufs ait été établi dans cet endroit. Aussi les anciens documents nous démontrent-ils que ce n'est là que l'altération du nom d'une ancienne famille qui a passé d'Avignon à Arles, *Platea Puthei de Biortz*, 1367 ; *Putheus dels Biorts*, 1370 , nous disent-ils. On peut voir, dans l'historien Papon, le rôle que les Biord ont joué en Provence. Cette famille dut quitter Avignon de très-bonne heure, car l'altération est consacrée par des textes anciens : un acte de 1496 porte déjà *Platea Putei Boum*.

RUE DU PUITS-DE-LA-REILLE ,

DE LA RUE DE LA BALANCE A LA RUE FERRUCE.

Reille , ou *Relhe*, signifie en provençal *soc de charrue*, et par extension , *levier*, ou *pince de fer*. Les idées que réveillent ces mots contrastent singulièrement avec les objets destinés à l'usage d'un puits. Un document de 1498 dit *Puits-de-la-Règle*, sans pour cela nous mettre sur la voie de l'origine de ce nom.

RUE DU PUITS-DE-LA-TARASQUE,

DE LA RUE DES TEINTURIERS A LA RUE DE LA TARASQUE.

Même origine que la rue *Tarasque.*

RUE DU PUITS-DES-TOUMES ,

DE LA RUE DES ALLEMANDS A LA RUE DES GRANDS-JARDINS.

Carreria Putei Tomarum, disent les documents du XVe et du XVIe siècle. *Toma,* dans le latin du moyen-âge, signifie *fromage gras ; toumo* en provençal a à peu près la même signification. Les *toumo* avaient la forme et le diamètre des briques hexagones qu'on fabrique plus particulièrement à Apt, et qu'on a appelées *toumeto* à cause de cette ressemblance. On voit que quelque fabricant, ou même un simple marchand de *toumo,* domicilié dans ce quartier, aura fourni le texte du nom donné à la rue et au puits qui s'y trouve.

RUE RACINE ,

DE LA RUE RACINE A LA RUE STE-MAGDELEINE.

Voir ce qui a été dit des rues *Corneille* et *Molière.* Celle-ci devrait être confondue avec la rue Sainte-Magdelcine. dont elle n'est que le prolongement.

RUE RAPPE ,

DE LA PLACE DU CHANGE A LA RUE DES MARCHANDS.

Cette rue a été pendant quelque temps le siége du marché aux raves, dites en latin *rapæ.* L'an-

cien puits de cette rue prit, de cette circonstance, la
dénomination de *Puits-des-raves*, d'où, par corruption, la rue a fini par s'appeler du *Puits-de-la
Rappe.*

En 1741, Peilhon, l'un des secrétaires de Louis
XV, possédait encore dans cette rue la maison où
se trouvent les magasins de MM. Berton, frères.

RUE DE RASCAS,

DE LA RUE ST-BERNARD A LA RUE DE L'HÔPITAL.

AVANT 1843, on appelait cette voie publique la
rue *Jumeaux*, probablement à l'occasion de quelque accouchement phénoménal qui y avait eu lieu.
Le nom qu'elle porte aujourd'hui, emprunté à Bernard de Rascas, dont il a déjà été parlé, et qui
fonda, en 1354, l'hôpital voisin, est très-judicieu-
sement choisi.

L'hôpital était desservi par des religieux Trinitaires établis à l'époque même de sa fondation, et
qui s'affilièrent aux religieux de Notre-Dame-de-
la-Merci en 1437. Leur monastère était au levant
des bâtiments de l'hôpital. Au couchant des mêmes bâtiments, fut établi, le 4 mars 1671, le couvent des religieuses hospitalières de Saint-Joseph,
vouées par les règles de leur institut au soulage-
ment des malades. La révolution de 1792 suppri-
ma les deux établissements; mais les hospitalières
de Saint-Joseph reparurent aussitôt que le calme
eut été rétabli, et reprirent auprès des malades
leur rôle d'anges consolateurs. Assaillies depuis lors
par d'étranges vicissitudes, elles sont encore aujourd'hui au poste périlleux dont on avait pendant
quelque temps écarté leur dévouement.

RUE DU RATEAU,

DE LA RUE PUY A LA RUE LONDE.

CETTE rue s'appelait avant 1843 rue *Juvert*. On échangea ce nom à cause des fréquentes erreurs auxquelles il donnait lieu, puisqu'il y avait plusieurs rues *Juvert* et plusieurs rues *Persil*. Son nom nouveau, emprunté aux instruments agricoles, a été choisi par les mêmes raisons qui ont fait adopter les noms de *Balai*, *Charrue*, *Brouette*, *Luchet*, dont il a été déjà parlé.

RUE REILLE-JUIVERIE,

DU PUITS-DE-LA-REILLE A LA RUE DE LA VIEILLE-JUIVERIE,

ET RUE REILLE,

DE LA RUE DE LA BALANCE A LA RUE DE LA VIEILLE-JUIVERIE.

NOMS nouveaux donnés en 1843 à des traverses de la *Vieille-Juiverie* qui n'avaient aucune dénomination particulière. (*Voir ce qui a été dit au sujet de la rue Vieille-Juiverie.*)

RUES DU REMPART-DE-L'OULLE, — DU RHONE, — DE LA LIGNE, — DE St-LAZARE, — DE L'IMBERT, — DE St-MICHEL, — DE St-ROCH ET DE St-DOMINIQUE.

DANS le travail fait à l'occasion du plan général d'alignement de 1843, on a systématiquement donné aux boulevards extérieurs et intérieurs le nom d'une des portes voisines, en différenciant les dénominations par les mots *Boulevard* et *Rue du Rempart*. Ce dernier a été appliqué à l'intérieur, et l'autre à l'extérieur. Voici quelques anciens noms qui ont disparu par suite de l'application systématique de cette nomenclature :

Les rues du *Rempart-de-l'Oulle* et du *Rempart Saint-Dominique* ont remplacé l'ancienne rue du *Jeu-du-Mail* (*Voir ce que nous avons dit au sujet de la rue du Mail.*) La partie du *Rempart-du-Rhône* la plus voisine de la porte de *l'Oulle*, portait le nom de rue *Entr'eaux*, parce qu'elle a dû être pendant quelque temps une sorte d'île ou de presqu'île. Les *rues* du *Rempart-de-l'Imbert*, du *Rempart-Saint-Michel* et du *Rempart-Saint-Roch*, plantées en 1811, prirent, à l'occasion de la naissance du fils de Napoléon Ier, le nom de *Cours du roi de Rome.* Avant 1790, la rue du *Rempart-St-Michel* empruntait de la tour des Arbalétriers qui se trouvait là, le nom de *rue des Arbalétriers*, ou *du Papegay.* La rue du *Rempart-Saint-Dominique* se nommait, de la tour du rempart qui servait de dépôt aux poudres, rue de la *Poudrière*, ou rue de la *Porte-des-Miracles.* La rue du *Rempart-Saint-Lazare* s'appelait anciennement la rue de *Notre-Dame-de-la-Major*, à cause de la chapelle de ce nom qui s'y trouvait. Au mois de mai 1642, à la suite de ferventes prières faites devant cette Madone, furent opérés plusieurs miracles et des grâces et des faveurs particulières, obtenues. Le concours du peuple devint alors immense, et les offrandes furent si considérables que le 19 juillet de cette année, le Chapitre de Saint-Symphorien présenta au Conseil de ville une requête tendant à obtenir temporairement la disposition de la tour des remparts la plus voisine pour y enfermer ces offrandes jusqu'à ce qu'elles se fussent élevées à un chiffre suffisant pour faire élever sur place une chapelle décente à la Mère de Dieu. Cette concession fut faite à titre gratuit et pour un an.

RUE ROLEUR,

DE LA RUE ST-MICHEL A LA RUE CAUCAGNE.

Ce nom vient de François Rouleur, qui demeurait dans cette rue en 1741. Elle s'appelait auparavant rue des *Orphelines*, parce que l'institut charitable de ce nom a occupé, de 1596 à 1775, la maison qui tient, d'un bout à l'autre, le côté méridional de cette rue. Nous pensons qu'il serait convenable de consacrer ce souvenir en restituant à cette rue son ancien nom de rue des *Orphelines*.

RUE ROQUETTE,

DE LA RUE DU BON-PASTEUR A LA RUE DE ST-CHRISTOPHE.

Ce nom vient d'une plante de la famille des crucifères siliqueuses, qui croît naturellement à Avignon, sur le sol et dans les vieux murs, et qu'on nomme en langue provençale *Rouqueto*.

C'est dans cette rue que subsista, jusqu'en 1792, l'œuvre de la Congrégation de Saint-Pierre-de-Luxembourg, fondée vers 1750. La maison qui lui avait appartenu vient d'être léguée aux Sœurs de Saint-Vincent de Paul.

RUE ROQUILLE,

DE LA RUÉ DU BON-PASTEUR A LA RUE ST-CHRISTOPHE.

Nous ne savons rien sur l'origine du nom de cette rue, qu'on a indistinctement appelée pendant longtemps *Roquille* ou *Budelle*. Voici les principales mentions que nous avons relevées dans les anciens documents : *Carreria de la Roquille ; rue Roquille et Budelle*, 1490 ; *Rue Raquilhe*, 1508 ; *Rue de la Roquille*, 1521 ; *Bourg de la Roquilhe*, 1567 ; *rue Roquille ou Budelle*, 1715.

RUE ROUGE,

DE LA PLACE DU CHANGE A LA RUE BONNETERIE.

On a cherché à expliquer l'adoption qui a été faite de ce nom en disant que, dans un combat de rue entre les Sarrasins et les Francs, l'acharnement avait été tel sur ce point que le sol en demeura pendant longtemps teint de sang.

Nous sommes loin d'adopter cette tradition, dont nous ne trouvons pas de trace un peu ancienne.

Les vieux documents nous représentent la rue actuelle des *Orfèvres* comme celle où se faisait le commerce de *Pelleterie*. Un acte de 1568, concernant la maison de M. Tassel-Bertaud, dit que cette maison est située *in Carreria Rubea, sive Pelliparie antique*. A cette époque déjà, les pelletiers descendaient dans la rue de la *Bonneterie*, et les orfèvres, abandonnant peu à peu la rue de l'*Argenterie* et les *Changes*, les remplaçaient dans la rue où ils sont encore aujourd'hui. Par un procédé qu'on met encore en usage dans les foires, les industriels, et les orfèvres en particulier, faisaient alors valoir par des tentures de couleur rouge les marchandises qu'ils exposaient en vente, et nous sommes fort disposé à croire que c'est à cette habitude que la rue *Rouge* à dû son nom.

RUE SABOLY,

DE LA RUE DES MARCHANDS A LA RUE DE LA CORDERIE.

Les cordonniers en vieux paraissent avoir anciennement fait leur résidence dans cette rue, ainsi que semble l'indiquer son ancien nom de *Grollerie-Vieille*. Le nom actuel a été donné en 1843 comme un hommage à la mémoire de Nicolas Saboly, poëte-musicien, maître de chapelle à St-Pierre, et dont il nous reste un délicieux recueil de noëls.

RUE SAINT-AGRICOL,

DE LA PLACE DE L'HÔTEL-DE-VILLE A LA RUE DE LA CALADE.

La portion de cette rue comprise entre la place et l'église dont elle porte le nom, se nommait anciennement la rue *Harengerie*, parce qu'on y vendait les *harengs*. Paul Passionei, Vice-Légat d'Avignon de 1754 à 1760, ayant donné ses soins pour la rectification qui fut faite de son alignement, on l'appela de sonnom rue *Passionei*. Ce nom était écrit sur une plaque d'ardoise adhérente à l'angle de la maison habitée par M. Laurent, coiffeur. On l'effaça en 1791 pour rétablir l'ancien nom, qu'on orthographia par ignorance, rue *Orangerie*. Elle reçut en

1843, la dénomination générale de rue *Saint-Agri-col*, que n'avait jamais cessé de porter la partie comprise entre l'église consacrée à ce Saint et la rue de la *Calade.*

De très-anciens documents appellent le quartier dans lequel la rue *Saint-Agricol* se trouve tracée , le *Quartier des Fontaines*, et ce nom paraît justifié par un cours d'eau souterrain dont les puits de cette rue constatent l'existence. L'eau en est excellente, et l'on ne peut que très-difficilement les mettre à sec.

On signale également dans ce quartier l'existence d'un égout antique que l'exhaussement progressif du sol ne permet pas d'utiliser.

Fondée en 680 par Saint-Agricol lui-même, qui donna sa propre maison pour cet objet , l'église qui lui est dédiée fut détruite par les Sarrasins au commencement du VIII° siècle, et retablie en l'an 911, par l'évêque Foulques. Le Pape Jean XXII l'érigea en collégiale en 1321, et concourut par ses libéralités à la reconstruction qui en fut faite dans le courant du XIV° siècle. La façade ne fut construite qu'à la fin de ce siècle , ou même dans les premières années du suivant.

Depuis longtemps Saint-Agricol était considéré comme le patron le plus spécial de la ville où il avait reçu le jour. On implorait son intercession , quand , par leur trop grande durée , les pluies ou les sécheresses compromettaient les récoltes. Aussi, lorsque le Pape Urbain VIII eut désigné, par une bulle , les fêtes qui devaient être de commandement , et qu'il eut permis à chaque ville de choisir un protecteur dont la fête serait d'obligation pour ses habitants, le conseil , dans sa séance du 10 dé-

cembre 1647 , choisit Saint Agricol à l'unanimité.
Nous renvoyons ceux de nos lecteurs qui désire-
raient des renseignements sur les richesses artis-
tiques de l'église Saint-Agricol à la Notice publiée en 1842 par M. l'abbé Moutonnet , alors
vicaire de cette paroisse.

Dans la rue *Saint-Agricol* fut établie , vers la fin
du XIe siècle, la maison des Frères de la Milice-
du-Temple, dont l'église sert aujourd'hui d'écurie
à l'Hôtellerie-du-Pont. Les Hospitaliers vinrent s'y
établir après la suppression des Templiers ; et
comme leur ancien établissement portait toujours
le nom de Saint-Jean, on les distingua en appelant
celui-ci *Saint-Jean-le-Vieux* et le nouveau *Saint-
Jean-de-Rhodes.*

A côté de la commanderie de Saint-Jean-de-Jérusalem était la livrée de Guillaume Bragose , créé
cardinal par le Pape Innocent VI en 1361 , et
mort à Avignon en 1367. Ce palais fut ensuite occupé par Pierre de Luna , créé cardinal en 1375
par le Pape Grégoire XI, et qui , pendant trente
ans, entretint, sous le nom de Benoît XIII , un
schisme déplorable dans la chrétienté.

PASSAGE SAINT-AGRICOL.

Ce passage, qui, empruntant une partie des anciens cloîtres de cette église, aboutissait à la porte
la plus rapprochée de la sacristie, a aujourd'hui
une issue sur la rue Géline, et la portion publique de l'ancien cloître Saint-Agricol , aliénée par
la ville en 1854 , est devenue propriété particulière.

RUE SAINT-ANTOINE,

DE LA RUE ST-ANTOINE A LA RUE FIGUIÈRE.

Vers la fin du XIIe siècle, une maladie dite le *Feu-Sacré*, ou *Mal des Ardents*, étendait ses ravages en Europe. Ce mal causait la perte du membre auquel il s'attachait : il devenait noir et sec comme si on l'avait brûlé. La médecine était impuissante à le guérir, et l'on estimait que l'intercession de Saint Antoine était le seul remède qui pût arrêter les ravages de ce fléau, ce qui lui valut aussi le nom de *Feu-Saint-Antoine*, et fit dédier à ce saint ermite les hôpitaux qu'on établit pour recevoir les malheureux qui en étaient atteints.

L'hôpital de Saint-Antoine d'Avignon, dont la rue qui fait l'objet de cet article a pris le nom, fut établi vers 1210. C'est dans l'église des Antonins d'Avignon que fut inhumé, en 1449, Alain Chartier, Chancelier de l'Université de Paris, secrétaire des rois Charles VI et Charles VII. On sait que, quoiqu'il fût physiquement très-laid, Marguerite d'Écosse ne craignit pas de déposer un baiser sur sa bouche en considération des paroles éloquentes qui en sortaient.

Une partie des dépendances de l'hôpital Saint-Antoine fut la livrée de Pierre-des-Prêts, que le Pape Jean XXII créa, le 19 décembre 1320, cardinal-prêtre du titre de Sainte-Potentiane.

RUE SAINT-BERNARD,

DU REMPART-DE-L'IMBERT A LA RUE MUGUET.

Cette rue, percée en 1833, passe au nord du grand Hôpital dit de Sainte-Marthe, ou de Saint-

Bernard. Elle a emprunté ce dernier nom à cet établissement charitable qui, lui-même, le tenait de Bernard de Rascas, son fondateur. Elle était appelée avant 1843 *Rue-Neuve-de-l'Hôpital*.

RUE SAINTE-CATHERINE,

DE LA RUE DE LA BONNETERIE A LA PLACE DES TROIS-PILATS.

CETTE rue doit son nom à l'ancien couvent des Bénédictins de Sainte-Catherine, qu'elle bordait au couchant. Ce monastère avait été fondé l'an 1060 par la Comtesse Oda, sur le mont Lavenic, qui prit de cet établissement le nom de *Mont-des-Vierges*, et par altération, celui de *Mont-de-Vergues*. Les guerres des Albigeois les forcèrent à quitter leur solitude pour chercher dans la ville quelque sécurité. Leur église, dont la chaire passait pour le chef-d'œuvre du sculpteur-architecte Péru, fut bénite par Astorg, évêque de Saint-Paul-Trois-Châteaux, le 9 octobre 1479.

Il fut établi dans les bâtiments de Sainte-Catherine un atelier d'armes portatives qui demeura en activité de 1793 à 1798. Cet immeuble fut aliéné à cette dernière époque par l'administration des domaines nationaux.

RUE SAINT-CHARLES,

DE LA RUE DE LA CALADE AU REMPART-ST-ROCH.

LE Séminaire de Saint-Charles-de-la-Croix a donné son nom à cette rue. Comme nous l'avons déjà dit, en parlant de la rue du *Collége-*

de-la-Croix, le collége ecclésiastique de ce nom fut fondé, le 14 septembre 1500, par Guillaume de Ricci, et uni à la communauté cléricale de Saint-Charles le 17 Janvier 1704. Cette dernière maison, établie sous le titre de *Saint Charles-Borromée*, ne fut autorisée que le 3 février 1702, sur la demande du Supérieur et des Recteurs, MM. de Varie, de Blanc et Combette. La première pierre de l'église fut posée le 2 février 1753 par Paul-François-Toussaint de Georges de Cabanis, vicaire-général du diocèse et supérieur du Séminaire, agissant comme délégué de Mgr de Guyon de Crochans, archevêque. Monseigneur de Manzi, son successeur, consacra cette église le 14 mai 1758, et la dédia à Jésus présenté au Temple, à la Vierge Marie et à Saint Charles. La première pierre du bâtiment de la Bibliothèque située du côté du jardin des Carmélites, fut posée le 20 octobre 1778. Nous avons dit ailleurs que les Pic-pus, construisant leur dortoir, avaient soulevé des plaintes de la part des Dames de Sainte-Catherine au sujet des fenêtres de ce dortoir qui avaient vue dans le jardin de ces dames. Les Carmélites élevèrent inutilement une semblable plainte au sujet de la hauteur des bâtiments de Saint-Charles.

Après 1792, les bâtiments du Séminaire de Saint-Charles furent affectés au casernement des troupes, soit de cavalerie, soit d'infanterie. Les Autrichiens, qui les occupèrent en 1815, y commirent des dégradations considérables. Dans la suite, on affecta ces bâtiments au logement des militaires invalides. Ils furent enfin rendus, en 1824, à leur destination primitive.

RUE SAINT-CHRISTOPHE,

DE LA RUE BOURG-NEUF AU REMPART DE L'IMBERT.

C'est là qu'était au XIV⁰ siècle le Bourguet de *Saint-Laurent*, possédé par l'abbaye de ce nom.

Ce Bourguet laissa son nom à la rue, jusqu'à ce qu'un nommé Jean Pellissier, étant venu, en 1542, y établir un logis à l'enseigne de *Saint-Christophe*, fit prévaloir ce dernier nom.

PLACE SAINT-DIDIER.

ELLE doit son nom à l'église paroissiale qui la borde au nord. Avant 1790 la majeure partie de cette place servait de cimetière : au milieu de ce cimetière était une croix, et sur cette croix, un coq qui, suivant une tradition populaire, devait par son chant annoncer la fin du monde. Le 21 mars 1697, le conseil tenta de faire ce qui ne fut accompli qu'en 1790 : il délibéra d'acheter le cimetière de Saint-Didier pour agrandir la place. Innocent XII venait alors d'abandonner aux pauvres de la ville les revenus du grand Sceau; il fut décidé par acclamation que cette nouvelle place prendrait de ce Souverain-Pontife le nom de *Pignatelli*. Nous ne connaissons pas les motifs qui firent renoncer à ce projet.

La place *St-Didier* était, concurremment avec celle du Palais, le lieu ordinaire des exécutions. Un contemporain raconte que « le samedi 28 mai 1672, un criminel ayant été conduit à la place St-Didier pour y être pendu, le bourreau paraissant le faire souffrir en l'attachant à la potence, la populace

commença à jeter des pierres en criant *Tue !...*
Tue !... Ce qui obligea le bourreau à se jeter de
l'échelle en bas, pour chercher à se sauver dans
la foule. Mais ce fut en vain : il fut assommé et
mourut sur la place. La populace traîna ensuite
ses restes jusqu'aux *Études*. Pendant le même
temps, on coupa la corde du patient, qu'on porta
dans l'église Saint-Antoine, d'où on lui tira du
sang. M. de Crillon, premier Consul, et M. Barthé-
lemy, Assesseur, s'y rendirent, et portèrent à ce
misérable sa grâce, que lui accordait Mgr le Vice-
Légat. Il fut de là transporté à l'hôpital, et le lendemain il était entièrement guéri. »

Rapprochons de ce récit, si simple et si court, la
relation officielle dont l'original se trouve dans les
archives de la ville :

« 1ᵉʳ juin 1672.

« S'étant fait un vol considérable dans cette
ville, il y a quelques mois, on en découvrit les
auteurs, qui étaient un nommé d'Yvoire, habitant
d'Avignon, et deux de ses sœurs ; deux autres frères nommés Sarrepuy, aussi d'Avignon, et un
nommé Dufort, étranger, furent leurs complices.
Après les avoir tous saisis et emprisonnés, ex-
cepté les Sarrepuy, lesquels on ne put pas attra-
per, et leur avoir dressé leur procès, confés et
convaincus de ce vol et de plusieurs autres cri-
mes, le Dufort fut condamné à être pendu et étran-
glé, et le 29 du passé, il fut conduit, à l'accoutu-
mée, au lieu de son supplice, à la place *Saint-*
Didier, où étant arrivé et monté sur la potence,
le bourreau qui devait l'exécuter, n'ayant encore
jamais pendu personne dans Avignon et ne sa-

7.

chant pas son métier ni ce qu'il faisait ; au lieu de
précipiter de l'échelle le patient suspendu en l'air
par la corde , il lui monta sur les épaules , tandis
que ledit patient était encore sur l'échelle , et lui
serrant de toute sa force la corde au col , voulait
l'étrangler là même sans le jeter et sans le secouer.
Mais voyant qu'il ne pouvait pas réussir pour le
faire mourir sitôt qu'il fallait , et qu'il n'avait pas
su disposer ni attacher ses cordes à propos , il lui
donnait de grands coups de genou et du pied dans
le cœur et dans les reins , et le faisait ainsi souffrir
d'une manière tout à fait pitoyable. Ce que voyant ,
plusieurs étrangers et autres personnes qui étaient
présentes en grand nombre à ce spectacle , se mirent à crier à l'exécuteur d'avoir compassion de ce
misérable et de ne le faire pas longtemps souffrir.
Mais cela ne fit aucun effet , car il continua de le
tourmenter de la même manière , en sorte que ce
pauvre patient se débattait incessamment et remuait de tout son corps sur l'échelle et sous cet
infâme. Enfin cela ayant duré quelque temps ,
quelques-uns d'entre ce peuple , touchés de compassion pour ledit malheureux , et animés contre le
bourreau , se mirent à lui jeter des pierres. Ce que
voyant et appréhendant quelque blessure , il se
laissa tomber de l'échelle en bas , et donna de la
tête en tombant d'où il est mort.

« Mgr le Vice-Légat, ayant été averti de ce désordre , sortit de son Palais et s'en alla à la place de
l'exécution. Nous (*les Consuls*) nous rendîmes en
diligence près de sa personne , et S. Ex. étant arrivée à ladite place, trouva tout le monde fort sou-
mis qui jetait des larmes de compassion, d'avoir
vu souffrir d'une manière si étrange ce pauvre pa-

ient. Cependant on avait déjà pour lors emporté le cadavre du bourreau mort. Et peu avant l'arrivée de S. Ex. en cette place, ce monde s'étant aperçu que ce pauvre patient remuait encore à la corde, l'un d'entre eux qu'on ne connaît pas et qu'on dit être un étranger, coupa la corde, et l'on porta ce misérable dans la petite église de Saint-Antoine, là tout proche, où ayant encore donné des marques de vie et l'ayant fait savoir à S. Ex., elle ordonna à M. le Marquis de Crillon, premier Consul, de lui faire envoyer des médecins et des chirurgiens, de lui faire faire tous les remèdes qu'on pourrait pour le remettre, et que, s'il en échappait, elle lui donnait sa grâce. On obéit à cet ordre, et ce fut avec succès. Le patient continua de respirer; et s'étant tant soit peu remis, on le porta à l'hôpital par le même ordre. Il y demeura vingt-quatre heures fort mal et sans pouvoir recouvrer la connaissance ni aucun de ses sens. Après ce temps-là, il est revenu, et se porte assez bien présentement. Le lendemain de cette exécution, on eut un autre bourreau par lequel Son Excellence fit donner le fouet par la ville à la sœur aînée dudit d'Yvoire, et le jour suivant, à sa femme et à sa sœur la cadette, toutes complices du même vol... »

PLACE DE SAINT-DIDIER.

ON APPELLE AINSI LA PETITE PLACE QUI EXISTE DEVANT LA GRANDE PORTE DE L'ÉGLISE DE CE NOM.

Avant le XIVe siècle, Saint-Didier était, comme nos autres églises paroissiales, un simple prieuré. En 1358, le cardinal Bertrand de Deaulx, archevéque d'Embrun, ayant fait rebâtir cette église, y fonda un Chapitre, et ce fut la troisième collégiale d'Avignon.

Noble Antoine de Comis, dit de Portes, Viguier d'Avignon, étant mort en 1494, institua la ville pour son héritière universelle. Entre autres legs, il fonda, dans l'église de Saint-Didier et à la chapelle du Saint-Ange-Gardien, une messe quotidienne. La ville fit ensevelir son bienfaiteur dans cette chapelle, et lui fit dresser un tombeau qu'on voit encore, dont le coût s'éleva seulement à 450 florins. Mais comme le défunt avait supputé dans ses dispositions que ce monument en pourrait coûter cinq cents, le Conseil, pris d'un très-honorable scrupule, délibéra, le 2 novembre 1496, de faire décorer ce tombeau d'une peinture, et de traiter à cet effet avec un bon peintre qui offrait de s'en acquitter moyennant trente écus. Nous prions M. le Curé de Saint-Didier, dont l'amour éclairé pour les arts ne saurait être révoqué en doute, de vouloir bien, à la première occasion, faire vérifier si quelques restes de cette peinture ne subsisteraient pas derrière le malencontreux confessionnal qu'on a enchâssé dans le tombeau d'Antoine de Comis.

Le 27 janvier 1676, Pierre d'Arreyrolles, marchand de soie d'Avignon, fonda dans cette même église un prédicateur pour l'Avent et le Carême. Ce prédicateur, moyennant la rente de la fondation, qui était de 150 francs, devait prêcher tous les jours, depuis le premier dimanche de l'Avent jusqu'à la fête des Innocents, et depuis le jour des Cendres jusqu'à la troisième fête de Pâques. Il devait être alternativement désigné par les Consuls de la ville et par le Chapitre de la paroisse.

Le 27 mars 1791 , le vicaire-général Malière
instituait pour curé de Saint-Didier un prêtre du
nom de Meynet , qui fut ensuite Bibliothécaire et
Conservateur du Muséum de la ville. Il lui donna
pour vicaire un ex-Dominicain nommé François
Balthazard Poulet. Meynet, qu'on a vu dans une
cérémonie publique escortant la Déesse de la Liberté , se fit incarcérer au mois de Germinal an II
pour avoir dit *qu'il sanctifierait toujours le jour du
Dimanche , et non le Décadi :* et c'est un dimanche,
à huit heures du matin , pendant qu'il travaillait,
gratuitement et par zèle pour la chose publique,
dans les bureaux de l'administration du district ,
qu'il fut arrêté.

Le 27 Germinal an II , un arrêté de l'administration du district d'Avignon adopta la pétition de la
Société Populaire , tendant à obtenir que cette
église servît désormais de temple à la Raison. On
y fit , du 7 Messidor au 14 Fructidor de la même
année , divers travaux d'appropriation pour la
réclusion des suspects. Le 2 Nivôse an III , elle
fut mise à la disposition du garde-magasin des
fourrages. Le 14 Messidor au V , l'administration
centrale du Département ordonnait la translation
des fourrages dans l'église des Jésuites , afin de
mettre celle de Saint-Didier à la disposition des
citoyens qui devaient la rendre au culte. L'ancien
hôtel en marbre des Célestins avec toutes ses dépendances , avait déjà été confié, à titre de prêt,
au sieur Canonge , un des paroissiens.

RUE SAINT-ÉTIENNE,

DE LA RUE DE LA BALANCE AU REMPART-DU-RHÔNE.

CETTE rue doit son nom au vocable d'une ancienne église paroissiale qui était au midi de Notre-Dame-des-Doms, et qu'on démolit pour bâtir le Palais des Papes. On transféra le titre et les services de cette église dans le local d'un ancien hôpital dédié à Sainte-Magdeleine. La portion de cette rue comprise entre la *Grande* et la *Petite-Fusterie*, se nommait jadis la *Fusterie-Moyenne*, ou *Médiane*. Ce n'est qu'à partir de 1843 qu'on a étendu le nom de rue *Saint-Étienne* à la portion comprise entre la *Grande-Fusterie* et le rempart.

Nous avons dit que le seul reste des monuments romains d'Avignon qui fût encore en évidence, se trouvait dans cette rue. Les antiquaires se sont accordés à dire que c'étaient là les ruines d'un hippodrome. Le testament de Paul de Sade, daté du 19 mai 1343, confirme jusqu'à un certain point cette opinion. Une maison de ce quartier s'y trouve désignée en ces termes : *Stare situm in parrochia Sancti Stephani Avinionis, confrontatum a duabus partibus cum porticu currilis den cabra.* La tradition, en conservant le souvenir de la destination ancienne de ces ruines, n'avait pu empêcher les contemporains d'en affaiblir la majesté en les appelant, des animaux qui, de leur temps, étaient peut-être seuls à les fréquenter, *le Cirque des chèvres.*

RUE SAINTE-GARDE,

DE LA RUE SAUNERIE A LA RUE DE ST-JEAN-LE-VIEUX.

CETTE rue doit son nom à l'ancien Séminaire de *Sainte-Garde*, qui fut établi en 1710 dans le couvent supprimé des *Religieuses-Célestes*, et qui a disparu à son tour pour céder la place aux tribunaux civil et de commerce. L'auberge établie dans l'ancienne église des Doctrinaires, étant à l'enseigne de la *Mule-Blanche*, a fait quelquefois donner ce nom à cette rue. Pierre Blavi, que l'anti-pape Benoît XIII créa, en 1396, cardinal du titre de Saint-Ange, demeura jusqu'en 1409 dans le palais qui existait alors sur l'emplacement des bâtiments de Sainte-Garde. Ce palais était devenu l'hôtel de Puget, lorsque les Religieuses-Célestes en firent l'acquisition.

RUE SAINT-GUILLAUME,

DE LA RUE DES INFIRMIÈRES AU REMPART ST-LAZARE.

CETTE rue doit son nom à une statue de Saint-Guillaume, aujourd'hui disparue, laquelle existait à l'angle d'une des maisons placées à son entrée du côté de la rue des *Infirmières*.

RUE SAINT-JEAN-LE-VIEUX,

DE LA PLACE DE LA PIGNOTTE A LA RUE SAUNERIE.

AU XIIᵉ siècle, les Frères-Hospitaliers de Saint-Jean-de-Jérusalem établirent dans cette rue le siége de leur Commanderie d'Avignon. S'étant

7*

transportés, après la suppression des Templiers, dans la maison que cet Ordre avait fondée à la rue *Saint-Agricol*, ils abandonnèrent à la Chambre Apostolique leur propre établissement. Dès lors, la rue dans laquelle il était situé fut appelée *Saint-Jean-le-Vieux*, afin de la distinguer de celle où ces chevaliers étaient allés s'établir, et qui fut appelée à cause d'eux *Saint-Jean-de-Rhodes*.

La Chambre concéda les bâtiments de Saint-Jean-le-Vieux à Pierre Corsini, évêque de Florence, que le Pape Urbain V créa cardinal en 1370, et qui mourut le 16 août 1405. Son titre épiscopal valait à ce prince d'être appelé le *Cardinal de Florence*, et c'est par ce dernier nom qu'on a dès lors distingué la rue qui va de *Saint-Jean* au *Vieux-Sextier*.

Pendant que les bâtiments de Saint-Jean n'étaient pas occupés, le Chapitre de Saint-Pierre avait soin d'en desservir l'église.

En 1536, les troupes de François Ier, étant venues camper sous les murs d'Avignon pour arrêter l'invasion de Charles-Quint, s'emparèrent du monastère des Bénédictins de Saint-Véran, situé hors la porte Saint-Lazare. Celles-ci se réfugièrent dans la ville, et obtinrent des autorités compétentes la cession des bâtiments de l'ancienne commanderie de Saint-Jean. Mais en 1592, on les unit aux Dominicaines de Sainte-Praxède, et on les installa dans le monastère de ce nom, occupé alors par les Pères de la Doctrine Chrétienne, tandis que ceux-ci vinrent à Saint-Jean prendre leur place.

On sait que l'établissement principal, situé au couchant de la rue Saint-Jean, avait, au levant de la même rue, son église et d'autres dépendances. Pour s'affranchir d'un aussi gênant état de choses, les Doctrinaires jetèrent furtivement, au mois de juillet 1623, un arceau d'un bâtiment à l'autre. L'audace de cette entreprise souleva la population, qui accusa hautement les maîtres des rues, et même le consulat, d'être de connivence avec la congrégation. Une procédure fut dès lors instruite contre elle, et le premier Consul, *pour donner contentement au peuple*, alla jusqu'à offrir, dans le Conseil qui fut tenu le 2 octobre, de faire à ses dépens le voyage de Rome pour représenter à S. S. le grand préjudice que la construction de cet arc portait au public. Le Conseil accepta cette offre avec reconnaissance et empressement; mais quelques efforts qu'on ait pu faire, cet arc a subsisté jusqu'en 1792.

Après la suppression des communautés religieuses, les bâtiments de Saint-Jean furent affectés au casernement de l'infanterie. Il y a de nos jours la Salle d'Asile, une partie des Écoles primaires, l'École publique de musique et de chant, etc.

En 1843, on a distrait de la rue *Florence*, pour la réunir à la rue de *Saint-Jean-le-Vieux*, la partie de cette rue qui se trouve comprise entre la *Saunerie* et les bâtiments de *Saint-Jean*.

RUE SAINT-JOSEPH,

DE LA RUE DE LA PALAPHARNERIE AU REMPART ST-LAZARE.

CETTE rue était anciennement appelée la *Crotade* à cause de son état ordinaire de saleté. Elle portait en 1813 le nom de *Lice*. On balança, en 1843, entre le nom qu'elle porte aujourd'hui et celui de *Petit-Sacré-Cœur*, qu'on aurait emprunté à la communauté religieuse voisine. Le nom préféré a été pris de l'ancien couvent des Carmes-Déchaussés qui était sous le vocable de Saint-Joseph, et sur l'emplacement duquel les Dames du Sacré-Cœur sont aujourd'hui établies.

L'établissement des Carmes-Déchaussés avait été fondé le 25 septembre 1608.

Le choix de ce nom ne paraît pas des plus heureux. La place qui est en face de la maison du Sacré-Cœur, s'appelait jadis de *Saint-Joseph*. Il y a à la rue des *Lices* un collège de Saint-Joseph, et à l'hôpital, une communauté de religieuses du même nom. Ce sont là tout autant d'éléments de confusion; tandis qu'en l'appelant rue *des Salins,* on eût pu rappeler que, non loin de là, existaient jadis le salin papal, et les salins de Provence et du Dauphiné.

PLACE ET RUE SAINTE-MAGDELEINE,

DE LA RUE RACINE A LA RUE ST-ÉTIENNE.

Sur le Rocher, au nord même de l'église de Notre-Dame-des-Doms, existait, à une époque très-reculée, un prieuré paroissial sous le vocable de Saint-Étienne. La démolition de cette église étant devenue nécessaire pour l'agrandissement du Palais des Papes, on transféra les services du prieuré paroissial dans un hôpital sous le vocable de Sainte-Magdeleine, qui venait de rendre de très-grands services pendant la peste. En 1665, des fondations pieuses permirent l'érection de cette église en Collégiale. Ce fut la cinquième de la ville.

Au commencement du XVIIe siècle, un incendie

détruisit une grande partie de cette église. Le 9 juin 1617, le Conseil de ville vota un subside de cinquante écus pour aider le chapitre à refaire le maître-autel. Quelques années après, une portion du cloître s'écroula, et le Conseil, dans sa séance du 9 novembre 1638, vota encore cent écus pour aider à la réparation de ce désastre. Un siècle plus tard, c'était l'église elle-même qui menaçait ruine, et l'archevêque, Mgr de Gonteriis, rendait, le 31 juillet 1734, une ordonnance d'interdit avec injonction de faire dans la chapelle de l'hôpital du Pont Saint-Bénézet les offices de la paroisse jusqu'à ce que celle-ci eût été consolidée et réparée.

Tout le sol de cette église, abandonnée en 1792, a été converti en magasins qui sont une propriété particulière.

RUE SAINT-MARC,

DE LA RUE DE LA BANCASSE A LA RUE DE LA CALADE.

Cette rue portait anciennement le nom de *Bouquerie*. La porte du même nom qui s'ouvrait dans l'ancienne enceinte, était à son extrémité méridionale. La partie qui se trouvait comprise entre cette porte et l'église du Collége, s'appelait la rue de la *Magdeleine couchée*, d'un oratoire renfermant cette image qui existait dans l'angle rentrant où se trouve l'égout du quartier. Tout près de là aussi était la rue, aujourd'hui supprimée, de la *Servellerie*, où se trouvaient les bains publics et les lieux de prostitution célèbres au XVe siècle.

Le nom actuel de la rue Saint-Marc vient d'une hôtellerie à l'enseigne de Saint-Marc, qui était établie, même avant 1498, sur l'emplacement de la maison des Pères Jésuites. C'est dans cette maison qu'habitait, au siècle dernier, le lieutenant-général Marquis de Calvière-Vezénobre, qui se couvrit de gloire à la bataille de Fontenoy, et qui, dans le calme de ses vieux jours, sut conquérir la réputation d'un estimable et généreux érudit.

La maison de la même rue qui fait face à l'église Saint-Didier, appartenait, au siècle dernier, à la noble famille de Castellanne, marquis d'Ampus. Elle avait été, au XIVe siècle, la livrée de Pierre de Vernio, ou de Verruco, né à Tulle en Limousin, que Grégoire XI créa, en 1371, cardinal du titre de Sainte-Marie, *in Via lata.* Ce cardinal, qui avait pendant le schisme embrassé le parti de l'anti-pape Clément VII, mourut à Avignon le 6 octobre 1405.

Il y avait encore dans les maisons de cette rue qui portent les numéros 16, 18, 20, 22 et 24, la communauté des religieuses de Notre-Dame, fondée le 11 mai 1637.

RUE SAINT-MICHEL,

DE LA PLACE DES CORPS-SAINTS A LA PORTE ST-MICHEL.

Nous avons dit, en parlant de la place des *Corps-Saints*, que tout près de la porte de *Rome*, ou du *Pont-Fract*, était un hospice des pauvres qui, depuis 1310, relevait de l'abbaye de Saint-Ruf. Le cimetière dépendant de cet hospice était hors de l'enceinte de la ville, et l'on croira difficilement que ce lieu soit devenu le rendez-vous commun des débauchés de la populace. Jean, ou Jourdain de Coïardan, évêque d'Avignon, agissant avec le consentement du Chapitre de Notre-

Dame-des-Doms et celui du prieur de Saint-Didier, dans le ressort paroissial duquel était situé ce cimetière, voulut mettre fin à ces scandales en y faisant bâtir une chapelle, qu'il dédia à Saint-Michel-Archange. Il établit un chapelain perpétuel qui y disait la messe, tous les jours, pour les âmes des pauvres dont les corps reposaient dans ce cimetière.

Saint-Pierre-de-Luxembourg, dans la suite, ayant élu par humilité sa sépulture au milieu des pauvres qui se trouvaient inhumés en cet endroit, les miracles qui s'opérèrent par son intercession et au contact de ses reliques, attirèrent des religieux Célestins qui s'y établirent en 1393. La première pierre de leur couvent fut solennellement posée cette année, au nom de Charles VI, roi de France, par les ducs de Berry, d'Orléans et de Bourgogne, et l'église fut consacrée, le dimanche 10 octobre 1406, par Jean, évêque d'Apt.

Indépendamment de ces établissements qui étaient au couchant de la rue *Saint-Michel*, il y avait, au levant de la même rue, le second monastère des Visitandines, connu sous le vocable de Saint-Georges. Il fut établi le 22 novembre 1578 par le cardinal d'Armagnac, dans l'ancien hôpital dit des Lombards. On ne connaît pas l'époque de la fondation de cet hôpital, mais on sait qu'en 1298, il était déjà en plein exercice.

Au nord des bâtiments de Saint-Georges, était la maison des Orphelines dont il a déjà été parlé au sujet de la rue *Rôleur*.

RUE SAINTE-PERPÉTUE,

DE LA RUE DE LA BANASTERIE A LA RUE DE STE-CATHERINE.

En face de l'église et du monastère de Sainte-Catherine était un petit terrain servant de cimetière, et sur ce terrain, une chapelle dédiée à Sainte-Perpétue, dont la fondation remontait au-delà de l'année 1203. La rue qui longeait ce cimetière a pris le nom de la chapelle qui s'y trouvait.

RUE SAINT-PIERRE,

DE LA RUE DES MARCHANDS A LA PLACE ST-PIERRE.

Cette rue doit son nom à l'église paroissiale à laquelle elle va aboutir.

L'église de Saint-Pierre, détruite par les Sarrasins, fut rebâtie en 912 par Foulques, évêque d'Avignon. En 1358, le cardinal Pierre du Pré la fit rebâtir sur de plus grandes proportions et y fonda un Chapitre. C'est la seconde des paroisses d'Avignon. Sa façade remarquable et sa chaire à prêcher, n'ont été construites que vers la fin du XVe siècle, ou même dans les premières années du siècle suivant. Les riches lambris qui recouvrent ses parois ont été faits pendant la seconde moitié du XVIIe siècle.

Au midi de la place Saint-Pierre était un vaste bâtiment dans lequel siégeait la Cour de ce nom, et qui avait ses prisons attenantes.

La cour de Saint-Pierre était la plus ancienne cour de justice de la ville. Elle se trouve désignée dans les statuts de 1154 et dans ceux de 1243 sous le nom de *Cour de citoyens (Curia civium.)* Il en est encore fait mention dans les conventions faites en 1251 entre la Ville et les Comtes. Dès l'année 1243, cette Cour était composée de deux juges qu'on renouvellait annuellement et qu'on choisissait parmi les jurisconsultes étrangers. Cet usage fut maintenu nonobstant la Bulle du 4 des kalendes de décembre 1479, par laquelle le Pape Sixte IV ordonna de conférer tous les offices aux habitants de la ville, pourvu toutefois qu'ils ne fussent pas Florentins d'origine. La garantie d'impartialité qu'on trouvait dans le choix de magistrats étrangers, dut céder, pendant les guerres de religion, à la crainte de conférer l'autorité à des hommes capables d'en abuser pour livrer la ville aux religionnaires. Par sa délibération du 30 juin 1568, le Conseil de ville renonça, avec le consentement du cardinal d'Armagnac, co-légat, à ce que, conformément aux conventions de 1251 et aux statuts particuliers de cette cité, le Viguier et les juges de Saint-Pierre fussent choisis, le premier parmi les nobles non domiciliés à Avignon, et les deux autres, parmi les jurisconsultes étrangers. Ces dernières fonctions, plus honorables que lucratives, furent dès lors conférées aux avocats de cette ville.

La nomination des juges de Saint-Pierre était anciennement dévolue aux Souverains Pontifes. Les Légats et les Vice-légats y pourvurent en leur nom. Ils ne pouvaient entrer en exercice qu'après avoir été agréés par le Conseil de ville, qui refusait son agrément toutes les fois que ces magistrats ne remplissaient par les conditions voulues, soit par les conventions, soit par les bulles papales, soit par les statuts particuliers de la ville.

L'administration tant soit peu théocratique d'A-
vignon et du Comté Vénaissin, avait ses bons côtés,
et ce n'est pas sans raison qu'elle a laissé parmi
nous ces souvenirs de mansuétude qui contrastent
si fort avec les déclamations furibondes que l'esprit de parti a dirigées contre elle. Croira-t-on que
tous les ans, depuis le Dimanche des Rameaux
jusqu'au lendemain du dimanche de *Quasimodo*,
l'effet de la contrainte par corps demeurât généralement suspendu, tant dans l'état d'Avignon
que dans le Comté Vénaissin? On voulait que chacun pût librement et dignement se préparer à
remplir l'obligation imposée par le quatrième commandement de l'Église. Toutes les poursuites,
même correctionnelles, cessaient pendant ce
temps-là. Ceux qui s'étaient dérobés à leur action
recevaient des saufs-conduits, et les détenus pour
dettes étaient élargis, s'ils étaient débiteurs envers
l'État, sur la simple promesse de se reconstituer
prisonniers à l'expiration du délai, et s'ils étaient
débiteurs envers des particuliers, pourvu que quelqu'un se portât caution de leur retour dans les
prisons.

RUE SAINTE-PRAXÈDE,

DE LA RUE ST-AGRICOL A LA RUE BASILE.

Au XIVe siècle, on appelait indistinctement cette
rue *Saint-Jean*, ou *derrière le Temple*, à cause de la
commanderie des Templiers qui s'y trouvait située,
et qui fut cédée plus tard aux chevaliers de Saint
Jean de Jérusalem : *Transversia retro ecclesiam Tem-
plariorum quondam, nunc vero Hospitalariorum
Sancti Joannis Jerosolymitani*, 1316.

Le côté de la rue opposé à l'établissement des chevaliers, fut la livrée de Guillaume Judicis, ou de la Jugie, évêque de Tusculum, fils d'une sœur du Pape Clément VI. Celui-ci le créa en 1342 cardinal-diacre du titre de Sainte-Marie-in-Cosmedin, puis cardinal-prêtre du titre de Saint-Clément. Il eut pour successeur dans ce palais Pierre de la Jugie, archevêque de Narbonne, créé cardinal en 1374 par Grégoire XI, et mort à Pise en 1376, en accompagnant ce Souverain Pontife, qui retournait à Rome.

Le séjour de ces deux cardinaux fit donner leur nom à la rue où leur palais était situé. Ce palais fut donné en 1372 par Pierre de la Jugie aux chanoines de Saint-Just, qui le louèrent aux Dominicaines de Sainte-Praxède pour en faire un hospice.

Le monastère de ces religieuses avait été fondé le 21 juin 1347 par Gomez de Barosso, Espagnol, cardinal du titre de Sainte-Praxède. Ce titre fut donné à la communauté, et les bâtiments du monastère prirent le nom de son pays, et s'appellent encore aujourd'hui *la Tour d'Espagne*. Ceux-ci ayant été ruinés pendant les guerres du schisme, les dames de Sainte-Praxède acquirent en 1409 le palais de la Jugie et vinrent s'y établir. C'était dans la chapelle de la Jugie que Sainte Catherine de Sienne avait eu quelques-unes de ces extases qui l'avaient mise en si grande vénération dans la ville ; mais les dames de Ste-Praxède ne trouvant pas cette chapelle assez grande, firent démolir, en 1427, deux maisons sur l'emplacement desquelles s'éleva l'église dont il ne reste plus, de nos jours, que l'abside et le mur oriental. Dans la suite des temps,

la discipline se relâcha à tel point dans ce monastère, que la fête de Sainte Praxède ne fut plus qu'une
occasion de désordre : les religieuses la passaient à
jouer et à danser dans les maisons voisines du
couvent. Dieu sut venger ces outrages : en 1580,
toutes les religieuses, à l'exception de cinq seulement, moururent de la peste ou d'autres mala-
dies. Le Pape Sixte V, instruit de ces désordres,
ordonna, par un bref daté de 1587, que les cinq
religieuses restantes fussent dispersées dans divers
monastères de la ville.

En 1593, la maison de Ste Praxède fut remise au
Vénérable César de Bus pour y fonder la Doctrine
Chrétienne, et en 1598, les anciennes Dominicaines,
réunies aux Bénédictines de Saint-Véran, reprirent
possession de ce local, tandis que les Doctrinaires
furent transférés dans les bâtiments plus vastes de
Saint-Jean-le-Vieux.

Le 29 juillet 1769, les Dames de Sainte-Praxède
ayant acquis au prix de quatre-vingt-trois mille
livres les bâtiments du noviciat des Jésuites et la
majeure partie de leurs dépendances, perdirent
leur ancien nom, et furent appelées, du vocable de
l'édifice où elles étaient venues nouvellement s'é-
tablir, *les Dames de Saint-Louis.*

RUE SAINT-SÉBASTIEN,

DE LA RUE DES INFIRMIÈRES A LA RUE DE LA POUZARAQUE.

Les Chevaliers du Jeu de l'Arc avaient dans cette
rue leur salle et leur jardin. Ils placèrent sur la
porte d'entrée la statue de Saint Sébastien, sous la
protection duquel ils s'étaient mis, et c'est de cette
statue, qui existe encore, que la rue a pris son nom.

Dès le XIIe siècle, l'arbalète joue un rôle dans les armées : elle remplace l'arc. L'église considéra cette arme comme offrant un tel caractère de cruauté, que l'usage n'en pouvait être toléré que dans une guerre contre les Sarrasins. Richard Cœur-de-Lion fut assassiné d'un coup d'arbalète tiré par un des siens. Au XIIIe siècle, Saint Louis créa la charge de Grand-Maître des arbalétriers. Au XIVe siècle, à Rennes, au Champ-Jaquet, Duguesclin, âgé de 15 ans, gagna dans un tournoi d'arbalétriers le prix qui était offert aux concurrents. Sous Charles V et Charles VI, les compagnies d'archers et d'arbalétriers deviennent des corps très-importants. A la bataille d'Azincourt, en 1415, de Breuil, leur grand-maître, fut tué avec seize de ses parents portant son nom. Au XVe siècle, Charles VII forma des compagnies de Francs-Archers à cheval, qui furent le principe de nos gendarmes.

A la fin du XIVe siècle, les *Tuschins* qui avaient ravagé une partie du Languedoc, envahirent le Comté Vénaissin. L'anti-pape Clément VII demanda aide au sénéchal de Beaucaire, qui, n'ayant plus à pourchasser ces bandes pour le compte de son gouvernement, lui envoya une partie des forces dont il disposait. Une compagnie d'arbalétriers concourut merveilleusement à la déroute de ces brigands, et le Pape voulut la conserver pour sa garde. Cette troupe se recruta dès lors parmi les Avignonais et s'acquit rapidement une grande réputation de bravoure. La discorde s'étant glissée parmi ses membres, le corps se scinda, et les dissidents formèrent, sous le nom d'*Archers*, une compagnie nouvelle. Bientôt celle-ci, fière du grand

nombre de gentilshommes inscrits sur ses contrô-
les, s'intitula *Compagnie des Chevaliers du Jeu de
l'Arc.*

L'emploi des armes à feu et l'établissement des
armées permanentes, hâtèrent la décadence de ces
compagnies, qui cherchèrent inutilement à se tenir
au courant des progrès de l'art de la guerre, ainsi
que le prouvent les qualifications *d'Arquebusiers*
et de *Mousquetaires*, qu'elles essayèrent de prendre.

Voici le brevet de capitaine des arquebusiers de
la ville qui fut délivré le 7 juin 1544 par les Consuls d'Avignon à noble Louis de Merles, seigneur
de Beauchamp :

« Alexandre de Cambis, chevalier, Pierre Loys
et Pierre Sappin, Consuls de la cité d'Avignon, à
noble Loys de Merles, sieur de Beauchamp, citoyen et capitaine de la companhie des acquebusiers de ladite ville, sallut. Pour ce que par la mort
et trespas de feu Octavien Andrici, capitaine de
ladite companhie en son vivant, le jeu et exercisse
desdits acquebusiers a despuys cessé et cesse de
présent : Nous, considérant ledit jeu et exercisse
d'acquebusiers estre en une ville tres necessayre
tant pour exercer et habituer la jeunesse d'icelle
que pour la tuition et deffense de la ville.

« Nous, ces choses considérées, avons proposé ledit affayre au Conseil de ladite ville, assemblé l'an
et jour de la date des présentes en la salle basse
de la maison consullayre du mandement et autorité de eggrège et spectable persone messire Pierre
Lis, docteur ez loys, lieutenant de magnific seigneur Jean de Panisses, aussi docteur ez droictz,
seigneur de Maligay, Viguier de ladite ville pour
nostre Saint-Père le Pape et la Saincte Romayne

Esglise à son de cloche et voix de trompe ainsi
quest de coustume, auquel furent présens assa-
voyr.... Conseillers de ladite ville d'Avignon, auquel fut conclud par toutes fèves noyres denotans
l'affirmative, que attendu l'amour et bonne affec-
tion quavès tousjours par le passé pourté à ladite
ville et que monstrés encores pour a présent, et
que par vostre moyen et bonne diligence les jeunes gens de ladite ville se pourront grandement
a ce abiliter et adresser au susdit jeu et exercisse
dacquebuserie, ce que redondera tousjours à la protection et deffence dicelle et autres bonnes consi-
dérations à ce les movans que lon vous depputast
comme nous, ensuyvant dicte délibération et con-
clusion, vous créons, constituons et depputons
par ces présentes, chef et cappitayne general de
ladite companhie d'acquebusiers desjà mise sus et
erigée, avec les gages proufictz, émolumentz,
imunités, franchises et libertés, aulx articles,
status et ordonances sur ce passés escripts et
contenus. Pourveu toutes foys que avant lexercisse
dudit office, soiés tenu, en noz présences, jurer
ez mains du susdit Monseigneur le Viguier, ou
son lieutenant dicelluy, bien, deubuement et di-
ligemment exercer, tout ainsi et par la fourme et
manière que aux susdits status et ordonances
est plus amplement contenu. Si donnons en mandement a noz thesoriers tant pour le présent que
à l'advenir ou à leurs lieuxtenens que a temps deu
vous ayent a payer vos gaiges et de ladite companhie. »

« Donné en Avignon, soubz le scel commun de
ladite ville le septiesme jour du moys de juing,
l'an de grace mil sincg cens quarante quatre. »

RUE SALUCES,

DE LA RUE DE LA CROIX A LA RUE DES BAINS.

UNE maison de ce quartier fut d'abord la livrée de Guy de Bologne de la Tour-d'Auvergne de Beaufort, créé cardinal en 1342 par le Pape Clément VI, et décédé en 1373. Elle devint ensuite le palais d'Amédée de Saluces, que l'anti-pape Clément VII créa cardinal en 1383, et qui mourût à Avignon le 4 juillet 1419.

Amédée était bachelier de l'Université d'Avignon ; il lui légua, en mourant, la moitié de sa bibliothèque, dans laquelle se trouvaient les cahiers de Salignac que la ville d'Avignon fit imprimer à Lyon en 1552. En reconnaissance de cette libéralité, l'Université fonda une messe solennelle dans l'église du collége de Saint-Martial, pour être dite le premier jour libre après l'Octave de Pâques, et à laquelle devaient assister le primicier et les docteurs.

Le cardinal de Saluces possédait, à Villeneuve, le palais joignant la tour royale située en tête du pont, avec toutes ses maisons, promenades, jardins, étang, prés et garennes. Après sa mort, cet immeuble passa aux Célestins, qui en démolirent les bâtiments et firent servir les matériaux à l'édification de leur monastère.

RUE SAMBUC,

DE LA RUE MUGUET A LA RUE ST-BERNARD.

UNE portion de la rue du *Diable* portait aussi, avant 1843, le nom de *Sambuc*, et nous avons dit, à l'article que nous lui avons consacré, notre opinion sur l'origine de cette dénomination.

RUE DU SAULE,

DE LA PLACE PIE A LA RUE DU FOUR-DE-LA TERRE.

LES documents anciens disent *Plan-du-Saule*, ou *du Sauze*, *Planum Salicis*, et ces désignations se trouvent plus particulièrement aux dates de 1389, 1407, 1499, 1505, 1568, 1692 et 1706. Nous ne doutons pas qu'elles ne soient dues à l'existence d'un ou plusieurs saules qui auraient été plantés sur le sol de cette rue ou à sa proximité.

RUE SAUNERIE,

DE LA RUE DES MARCHANDS AU PORTAIL-MATHERON.

LES sauniers, saleurs, ou marchands de salaisons, demeuraient dans cette rue, qui a pris de leur industrie le nom qu'elle porte.

Nous avons déjà dit que le carrefour de la rue *Saunerie* le plus rapproché de la rue des *Marchands*, se nommait jadis la *Place des Encans*. Au XVᵉ siècle, la maison qui porte le Nº 1 appartenait à Pierre de Lassonne, licencié ez-lois et l'un des auteurs de Joseph-Marie-François de Lassonne, premier médecin de la reine Marie-Antoinette, et directeur et censeur royal de la Société royale de Médecine de Paris. La maison de Louis Petri, banquier, venait ensuite. Plus loin était l'hôtel de la Maréchaussée, établie sur le modèle de celle de France par le Vice-Légat, Pascal Aquaviva, le 20 décembre 1750, et casernée dans cette rue en 1752. Plus loin encore, la maison qui porte le Nº 23 était habitée, en 1637, par Paul de Ribère, docteur, et plus tard par Ignace-Joseph de Ribère, chevalier, seigneur de Costebelle, gentilhomme, dont le nom seigneurial est encore appliqué à cette partie de la rue. Il fut Viguier d'Avignon en 1685 et en 1706, et premier consul en 1697.

RUE PETITE-SAUNERIE,

DE LA PLACE DU CLOÎTRE ST-PIERRE A LA RUE SAUNERIE.

LE nom de cette rue, emprunté à celle dans laquelle elle va aboutir, n'est que d'une application récente. On l'appelait anciennement la *Fromagerie antique*, sans doute à cause de la nature des marchandises qu'on y vendait.

RUE SORGUETTE,

DE LA RUE DES TROIS-PILATS A LA RUE DE L'ORIFLAN.

NOM donné en 1843 à la rue qui borde ce canal. Le mur de soutènement des terres bâti en 1738 sur une base qui n'était établie qu'à cinquante centimètres au-dessous du niveau du canal, a été reconstruit en 1852.

RUE DE LA TARASQUE,

DE LA RUE DES TEINTURIERS AU REMPART ST-MICHEL.

LES anciens textes disent : *Boury et rue de la Tarasque*, 1450 ; *Rue dite de la Tarasque à la paroisse de St-Geniés*, 1439, 1442 et 1595. Aujourd'hui encore, en entrant dans cette rue du côté de la rue des *Teinturiers*, on remarque dans la façade de la maison qui forme l'angle à droite, un bas-relief représentant le fantastique animal dont la tradition nous a conservé la figure sous le nom de *Taras-*

que. Nous ne saurions dire si c'est le nom de la rue qui a fait placer là ce bas-relief, ou si c'est ce bas-relief qui a fait donner le nom à la rue.

Nous n'avons pas besoin de dire que la Taras-que est un monstre, des ravages duquel Sainte-Marthe délivra la ville de Tarascon.

RUE DES TEINTURIERS,

DE LA RUE DE LA BONNETERIE AU REMPART DE L'IMBERT.

Une enseigne d'hôtellerie avait anciennement valu à cette voie publique le nom de rue du *Cheval-Blanc*. On lui substitua, en 1843, celui qu'elle porte aujourd'hui, qui est tiré de l'industrie dont elle était le siége et sous lequel elle était déjà généralement connue.

A l'extrémité occidentale de cette rue, qui se trouve tout entière hors de l'ancienne enceinte, était la porte connue sous le nom de *Portail-Peint*. Ce nom lui venait, dit-on, de ce qu'on y avait représenté l'image des douze apôtres comme pour leur confier la garde de la cité ; ce qui n'avait pas empêché d'élever tout à côté, en 1348, une chapelle à la Vierge, sous le vocable de Notre-Dame-de-l'Annonciation. A l'extrémité orientale de la même rue, était le Noviciat des Capucins, fondé en 1662. Au milieu se trouve encore, de nos jours, la chapelle de la Confrérie des Pénitents-Gris, fondée par Louis VIII, roi de France, le 14 septembre 1226. Leur chapelle fut agrandie en 1590, et la nef où se fait l'Adoration perpétuelle du Saint-Sacrement a été construite en 1818.

8.

RUE DE LA TÊTE-NOIRE,

DE LA RUE DE LA CARRETERIE A CELLE DES INFIRMIÈRES.

UNE tête antique en pierre de couleur foncée, découverte dans des fouilles pratiquées dans cette rue au XVIII° siècle, lui a valu le nom qu'on lui a donné. Ce débris d'antiquité fait aujourd'hui partie des collections du Muséum-Calvet. On appelait auparavant cette voie publique la rue de la *Pierre*. Ce nom, que nous trouvons déjà mentionné dans des actes du XV° siècle, ne lui aurait-il pas été donné à cause de la *Pierre de Refuge* que Ricuin, comte d'Avignon, fit élever dans cette ville l'an 1060, et sur laquelle, selon Fantoni, était gravée l'inscription suivante, indiquant suffisamment son objet :

HIC TUTUM LAPIS PRÆSTAT REFUGIUM REIS ET ÆRATIS.

RUE DE LA TOUR,

DE LA RUE DES INFIRMIÈRES AU REMPART ST-LAZARE.

CE nom a été emprunté à une tour des remparts qui se trouve à l'extrémité septentrionale de cette rue.

RUE TRÉMOULET,

DE LA RUE DU VIEUX-SEXTIER A CELLE DE LA BONNETERIE.

UNE famille du nom de Triboulet, qui habitait cette rue au milieu du XVI° siècle, paraît lui avoir laissé le nom qu'elle porte et que l'usage a probablement altéré.

Joseph Vernet, le grand peintre de marines,

père de Carle Vernet, qui s'est illustré en peignant des chevaux, et aïeul d'Horace Vernet, qui s'est fait une réputation universelle par son génie dans la peinture historique, est né, le 14 août 1714, dans une maison située au carrefour de la *Bonneterie* et dont une issue aboutit à la rue *Trémoulet*. Il serait bon de consacrer ce souvenir historique en appelant du nom de cet illustre peintre la rue dont nous venons de parler.

RUE DES TROIS-FAUCONS,

DE LA PLACE ST-DIDIER A CELLE DES CORPS-SAINTS.

L'ORIGINE du nom des Trois-Faucons paraît être tirée du *Bourg du Faucon* (*Falco*) qu'un acte de 1495 indique avoir existé en cet endroit. Un autre acte de 1783 appelle cette même rue la *Rue des deux Faucons*. Nous ne savons à quelles circonstances on doit attribuer cette espèce de progression arithmétique qui s'arrête aujourd'hui à la désignation de rue des *Trois-Faucons*.

L'hôtel de cette rue qui porte le N° 14 était celui de l'illustre famille des d'Albert, si noblement représentée de nos jours par M. d'Albert, duc de Luynes, membre de plusieurs classes de l'Institut, et qui sait faire de sa grande fortune un emploi si profitable aux progrès des beaux-arts et de l'industrie française.

Le 4 septembre 1793, l'administration du Département de Vaucluse fut installée dans cet hôtel avec une très-grande solennité, à laquelle présidèrent les représentants du peuple Rovère et Poultier. Agricol Moureau prit la parole après eux. Fouque, président du tribunal criminel, François

Barjavel, accusateur public près le même tribunal, et Joseph Fabre, substitut du procureur de la Commune, assistaient à la cérémonie. Guintrandy fut nommé séance tenante président provisoire, Duprat aîné, procureur-général syndic, et Dérat vice-procureur-général syndic. On fit, à cette occasion, des farandoles, et des hymnes patriotiques furent chantés autour des arbres de la liberté. La journée se termina par une illumination générale. Mais le séjour que fit dans cet hôtel l'administration du Département ne fut pas de longue durée : dès le lendemain, on lui notifiait le refus qu'avait fait M. d'Albert de recevoir l'indemnité préalable qu'on lui avait fait offrir, et l'on décidait de se transporter à l'hôtel Forbin, qui était alors une propriété nationale.

RUE DES TROIS-TESTONS,

DE LA RUE DE L'AÏGARDEN A LA RUE GRANDE-MONNAIE.

Cette rue doit son nom à l'enseigne d'une hôtellerie plus particulièrement fréquentée par les monnayeurs, dont les ateliers se trouvaient dans le voisinage.

RUE VELOUTERIE,

DE LA RUE D'ANNANELLE A LA PORTE ST-ROCH.

Au moyen-âge, cette rue portait les divers noms de ses aboutissants, ainsi : *Carreria per quam homo vadit de Portu Peyreriorum ad ecclesiam Beatæ Mariæ-de-miraculis*, 1370; — *Via publica de Miraculis*, 1370; — *Rue de la Mercy et Miracles près le Portal de Champfleury*, 1548; — *Rue des Miracles*, 1626; — *Rue des Minimes*, 1662.

Il y avait très-anciennement en cet endroit le port ou le quai aux pierres sur le Rhône : de là l'indication de *Portus-Peyreriorum*. Les religieux de Notre-Dame-de-la-Merci, établis à Avignon en 1437, avaient, avant qu'on les unît aux Trinitaires, leur maison dans ce quartier. Saint Roch a vécu au XIV⁰ siècle, et ce n'est que vers le XVI⁰ que son nom a été donné à la porte qui est au bout de la rue *Velouterie*. Cette porte, dont l'emplacement a été changé, s'appelait anciennement la porte de *Champfleury*, nom que porte encore le quartier du territoire qui se trouve le plus voisin. En 1320 un jeune homme faussement accusé par sa mère d'un crime contre nature, fut condamné à être brûlé vif sur la place assez vaste qui existait alors à l'intérieur de la ville devant la porte de Champfleury. Quand il vit mettre le feu au bûcher, il se tourna vers une image de la Vierge qu'on voyait enchâssée dans un des murs qui bordaient cette place, et implora avec confiance celle que les textes sacrés appellent un *Miroir de Justice*. Bientôt les flammes le dérobèrent aux regards des assistants ; puis au plus fort de l'incendie, on le vit sortir du foyer sauf et libre de liens. C'est de cet événement qu'on appela *du miracle* la porte, la place et même la rue qui leur servait d'avenue. On bâtit en cet endroit une chapelle, puis un monastère pour les *Repenties*, qui fut sous le vocable de *Sainte-Marie-Égyptienne*. En 1575, celles-ci cédèrent la place aux Minimes. La présence de ces divers établissements influença le nom de la rue. Celui qu'elle porte actuellement lui vient d'un Guillaume de Laval, autrement dit de Nîmes, qui y établit en 1547 une fabrique de velours. Il joi-

gnait à sa profession de veloutier les fonctions
de *Carcerier* (geôlier,) de l'Officialité d'Avignon.

Au nord de cette rue et en face de la tour dite
de Saint-Jean, sous laquelle passait dernièrement
la Sorgue, était le palais de Jean de la Grange, dit
le cardinal d'Amiens, que Grégoire XI avait revêtu de la pourpre romaine en 1375, et qui est
mort à Avignon en 1402.

RUE VICE-LÉGAT,

DE LA PLACE DE LA MIRANDE A LA RUE DE LA BANASTERIE.

LORSQUE les Souverains Pontifes transférèrent à
Avignon le siége apostolique, le Maréchal de la
Cour Romaine s'entendit avec l'administration de
la ville pour le logement du Saint-Père et des cardinaux de sa Cour. Il fallut procéder d'une manière
très-expéditive et user de moyens un peu arbitrai-
res, même pour l'époque. Les maisons qui furent
ainsi désignées prirent le nom de *Livrée*. La plus
considérable, sous tous les rapports, fut, comme
de raison, celle qu'on assigna au Pape. Elle comprenait le palais épiscopal et plusieurs des maisons
limitrophes. Ce fut la *Livrée* par excellence, et la
rue qui y aboutissait au levant ne porta pas d'autre nom. Il demeura gravé jusqu'en 1792 à l'angle
septentrional de l'hôtel bâti par M. Madon de Château-Blanc, qui porte le N° 13 de la rue de la *Banasterie*. Un des coryphées révolutionnaires de cette
triste époque, s'arrêta un jour, indigné à la lecture
de ce nom, et empruntant une échelle et une hache
chez le tourneur Morenas, il l'effaça incontinent
en taillant la pierre. La rue fut dès lors appelée
de l'*Union ;* mais ce nom fut à son tour remplacé

par celui de rue du *Vice-Légat*, que lui imposa la Commission du plan général d'alignement de 1843.

RUE VICTOIRE,

DE LA RUE DE LA CALADE A LA RUE DE LA BOUQUERIE.

On désigna d'abord cette rue par le même nom que la porte de l'ancien rempart à laquelle elle allait aboutir. Nous avons dit ailleurs que c'était la porte de l'*Escarpe*. A mesure que cette trace se perdit, on en vint à la désigner par ses tenant et aboutissant, *Rue qui traverse de la rue des Masses à la grande rue de la Calade*, disent des documents datés de 1502 et de 1542. Une enseigne d'auberge la fit ensuite appeler pendant quelque temps la rue du *Chapeau-d'Or*. Cette auberge ayant été acquise par les religieuses de Notre-Dame-de-la-Victoire et absorbée dans les constructions de leur couvent, le nom de rue *Victoire* resta à cette voie publique.

L'œuvre du Refuge, ou de Notre-Dame-de-la-Victoire, fut fondée à Avignon le 5 juin 1634 par Mme de Renfain, première Supérieure de cet institut qui suivait la règle de Saint Augustin. Son but était d'offrir un refuge aux jeunes personnes que leur isolement et les tentations du monde exposaient à leur perte.

RUE VIENEUVE,

DE LA RUE STE-CATHERINE A LA RUE SALUCES.

Ce nom s'explique tout seul : il a dû être donné à cette rue au moment où elle venait d'être nouvellement tracée , et l'usage le lui a conservé , quoiqu'elle date pour le moins du quinzième siè-cle.

RUE DU VIEUX-SEXTIER,

DE LA RUE ROUGE A LA PLACE-PIE.

Ce nom , venant du latin *Sextarius*, qui était la sixième partie du conge , mesure de capacité chez les Romains , on doit avoir soin d'orthographier *sextier*. L'emploi de cette mesure avait fait donner ce nom au grenier public qui était situé au couchant de l'ancien bâtiment des boucheries. Nous avons dit, en parlant de la *Place-Pie* , comment le grenier public y fut transféré. Dès lors, les actes mêmes du XVIᵉ siècle appelèrent cette rue le *Sextier-Vieux*, en y ajoutant quelquefois cette amplification , *ou le Jeu des Oranges*.

Nous avons déjà dit , en parlant du passage des *Boucheries*, que la ville avait fait construire ces bâtiments en 1749 sous la direction de M. Franque , architecte , et sur le sol de l'hôtel de M. de Villefranche, qu'elle avait acheté dans ce but.

Le Vice-Légat Pascal Aquaviva , référendaire de l'une et l'autre signature du Pape, qui administra avec succès les états citramontains de l'Église de-puis 1744 jusqu'en 1754, seconda alors vivement les efforts du consulat, et cette rue, la plus remar-quable d'Avignon par la régularité des maisons qui la bordent, fut presque entièrement recons-truite. L'édilité locale l'appela, en reconnaissance de ses soins , la rue d'*Aquaviva*. Ce nom fut gratté en 1791 et l'on inscrivit à sa place *rue Place-neuve*. Cette désignation disparut à son tour ; la

Commission des alignements de 1843 appliqua à l'ensemble de la rue le nom de rue *Vieux-Sextier*, que portait déjà la partie comprise entre la *Boucherie* et la rue *Rouge*.

La suppression du nom d'*Aquaviva* nous paraît dictée par un mauvais esprit, et nous aurions aimé qu'on le restituât.

RUE VIOLETTE,

DE LA RUE DES VIEUX-ÈTUDES A LA RUE ST-CHARLES.

CETTE rue limitait au nord les terrains dépendants du noviciat des Jésuites. Ces terrains qui n'ont été bâtis qu'après le morcellement de cette propriété, étaient-ils des prairies imparfaitement closes, sur le bord desquelles les petites filles allaient au printemps cueillir des violettes ? ou bien, la société dite de la *Violette*, que nous trouvons en 1781 établie à la rue de la *Colombe* dans le jardin qu'y possédait Madame Pluvinal, était-elle plus anciennement dans quelque jardin que les Jésuites lui auraient remis ou loué? C'est ce que nous ignorons. Les Jésuites ont toujours eu à cœur d'organiser des congrégations. Celle de la *Violette*, par sa composition et le but qu'elle se proposait, semble bien une de leurs créations : elle admettait des jeunes ouvriers qui, ne voulant fréquenter ni les cabarets ni les lieux de débauche, étaient cependant bien aises de se réunir pour se délasser de leurs fatigues. Ils s'engageaient, au moment de leur réception, à ne point blasphémer, à ne point jouer à des jeux défendus, etc. etc.

Quoi qu'il en soit de ces hypothèses, le nom de rue *Violette* est moderne. Un acte de 1568 appelle celle rue du même nom que sa voisine, *Carreria Studiorum antiquorum.*

Nous terminons ici cette nomenclature des rues d'Avignon, qui pourra paraître bien aride à plusieurs de nos lecteurs. Il nous eût été facile, en multipliant les anecdotes et en donnant des notices sur chaque monument, sur chaque établissement public, enfin sur les hommes remarquables dont nous aurions signalé la demeure, de rendre ce travail plus intéressant et plus varié; mais nous avons tenu avant tout à être bref, et il nous aura suffi d'avoir éveillé l'attention de nos compatriotes sur une matière qui nous occupe depuis longtemps, et dont nous sommes encore loin d'avoir réuni tous les matériaux.

Il est impossible que nous ne soyons tombé, dans le cours de notre ouvrage, en plus d'une erreur grave, et que nous n'ayons omis, par ignorance ou par d'autres causes, des détails qu'il eût été essentiel au moins d'indiquer dans ce résumé. Nous faisons à ce sujet un appel à la bienveillance de nos concitoyens, et nous accueillerons avec la reconnaissance la plus vive les renseignements et les observations qu'on voudra bien nous faire parvenir.

P. A.

TABLE.

—

A

C

FIN DE LA TABLE

www.ingramcontent.com/pod-product-compliance
Lightning Source LLC
Chambersburg PA
CBHW071953090426
42740CB00011B/1928